地震時の構造不安定とその照査法

大塚久哲・為広尚起 ［著］

九州大学出版会

はじめに

　本書は，構造物の地震時不安定現象の予測に関する新しい解析手法を提案したものである．
　著者らの研究の背景，あるいは本書上梓の動機ともいうべき事柄に関して，まず1章において陳述している．それらは，振動する構造物の不安定現象とその定量的検証，構造物の動的不安定評価の現状，既往の座屈照査手法とそれらの課題に分けて記述されている．
　2章では，地震時構造不安定の定量的評価指標の候補の選定と，それらの有効性に関して，鋼製中路式アーチ橋を対象とした事例研究を述べ，併せて，数値解析手法に関する理論的補足説明を行っている．ただし，本章，特に後半部分が冗長に感じられる読者は，3章へと先を急がれるのもよい．
　本書で想定している現象を具体的にイメージするには，3章を熟読していただきたい．ここでは振動中の不安定現象の代表例として，「動的座屈」と「パラメトリック励振」の模型実験結果が，著者らの提案する解析手法による結果と併せて示されている．取り扱うべき現象と解析手法の有効性がよく理解できるように心がけたつもりである．
　本解析手法のエッセンスは，4章及び5章に丁寧に記述されている．まず4章では，地震時座屈手法として著者らの提案する「増分形式座屈固有値解析」が運用上の留意点とともに詳細に解説されており，本書の中心を成す章である．次に5章では，本手法の特徴である，座屈現象が現れない場合の座屈に対する余裕度の定量的評価と，座屈判定が出た場合の対処の仕方を決定するための座屈後の動的挙動のシミュレーション手法が示されている．現象の特徴をより深く理解した上で本手法が運用していただけるように配慮した．
　実構造物への適用事例については，6章にまとめられている．まず，試設計されたコンクリート製長大アーチ橋に対して，ライズ比をパラメータに座屈性能や座屈震度の考察がなされ，その後，この試設計橋と2つの実在中路式アーチ橋とを対象に具体的な座屈性能が比較されている．最後に，既設の鋼製上路式アーチ橋の座屈性能照査と，耐震補強による座屈性能の改善が具体的に示されている．このように本章では，本手法を実務に適用する際の具体的イメージが理解できるように，橋梁構造に限定されてはいるが実務家に役立つ説明が詳細に施されている．
　最後に7章で本書のまとめと今後の展望が簡潔にまとめられている．

2007年12月
著者ら記す

目 次

はじめに i

1. 構造物の動的不安定 1
   1.1 本書のテーマと内容 1
       1.1.1 振動する構造物の不安定 1
       1.1.2 非線形解析による不安定性の照査 2
       1.1.3 定量的な検証 3
   1.2 動的構造不安定評価の現状 3
       1.2.1 様々な動的構造不安定 3
       1.2.2 地震時座屈に対する懸念の曖昧さ 4
   1.3 既往の座屈照査手法と課題 5
       1.3.1 座屈照査手法の概要 5
       1.3.2 線形座屈固有値解析 7
       1.3.3 非線形座屈解析（静的手法） 9
       1.3.4 非線形座屈解析（動的手法） 12
   1.4 解決すべき課題の整理 13
   1.5 1章のまとめ 15

2. 動的構造不安定の定量評価指標 17
   2.1 定量評価指標の候補 17
       2.1.1 動的解析中に求められる固有値 17
       2.1.2 評価すべき不安定状態と性能指標による評価 18
       2.1.3 増分形式の座屈固有値解析の有用性 19
   2.2 動的解析中の固有値の変化（鋼製中路式アーチ橋の事例） 20
       2.2.1 プラットフォーム解析プログラムの仕様 20
       2.2.2 解析条件 21
       2.2.3 解析結果 22
       2.2.4 地震時構造不安定の定量評価の可能性について 23
   2.3 数値解析に関する補足説明 24
       2.3.1 直接積分法と増分形式の座屈固有値解析 25

       2.3.2 保存力と非保存力 26
       2.3.3 修正ラグランジェ定式化と幾何剛性マトリックス 27
       2.3.4 サブスペース法と逆反復法 31
   2.4 2章のまとめ 31

3. 実験による検証 33
   3.1 動的座屈実験とトレース解析 33
       3.1.1 動的座屈実験仕様の概要 33
       3.1.2 実験結果 35
       3.1.3 トレース解析 37
       3.1.4 動的座屈の定量評価に関する考察 39
   3.2 パラメトリック励振実験とトレース解析 40
       3.2.1 パラメトリック励振と橋梁 40
       3.2.2 実験仕様 41
       3.2.3 実験結果 42
       3.2.4 トレース解析 42
       3.2.5 励振中の固有値の変化に関する考察 45
   3.3 3章のまとめ 45

4. 増分形式座屈固有値解析による地震時座屈照査手法 47
   4.1 ここまでの整理 47
   4.2 増分形式座屈固有値解析による地震時座屈照査手法 47
   4.3 提案手法運用上の留意点 48
       4.3.1 部材・部分系・全体系の座屈 48
       4.3.2 座屈固有値解析の挿入時間間隔と計算時間 49
       4.3.3 座屈固有値の評価と比較時の留意点 50
       4.3.4 座屈固有値解析と動的解析の関係 52
       4.3.5 座屈固有値の正負について 52
       4.3.6 座屈固有方程式に用いる剛性マトリックスについて 56
       4.3.7 座屈判定が出ない場合・出た場合の対処 57
   4.4 4章のまとめ 57

5. 座屈前後の状態評価 59
5.1 座屈していない状態の余裕評価 59
5.1.1 余裕を示す指標 59
5.1.2 余裕評価解析 60
5.1.3 余裕評価に関する考察 66
5.2 座屈後の動的挙動シミュレーション 67
5.2.1 座屈後挙動追跡の必要性 67
5.2.2 現象が看過されている事例 67
5.2.3 現象と固有値情報が自然に整合する事例 72
5.2.4 現象と固有値情報の整合に関する考察 74
5.3 5章のまとめ 75

6. 適用事例 77
6.1 コンクリート製長大アーチ橋（支間長600m）の地震時座屈性能 77
6.1.1 形状パラメータスタディ 77
6.1.2 座屈震度との比較 79
6.2 異なるアーチ橋における地震時対座屈性能比較 80
6.3 鋼製上路式アーチ橋の耐震補強 82
6.3.1 対象橋梁概要 82
6.3.2 補強前の耐震性能照査 83
6.3.3 補強後の対座屈性能の改善 86
6.3.4 余裕に関する考察 87
6.4 6章のまとめ 89

7. 本書のまとめと今後の展望 91
7.1 各章のまとめ 91
7.2 今後の展望 93

参考文献 95

索引 99

1. 構造物の動的不安定

1.1 本書のテーマと内容

　本書のテーマは,「振動している構造物が不安定状態に陥る危険性を,非線形解析によって定量的に検証すること」である.この中のキーワードのいくつかはやや広い意味合いを持っているから,最初にこのテーマをブレークダウンしておきたい.

1.1.1 振動する構造物の不安定
　人が設計し組み立てたものは広く構造物と呼ばれ,それらが振動を起こす原因も様々であるが,筆者らが近年,主に橋梁の耐震問題に取り組んできた経緯[1]ほかから,本書で取り扱っている解析モデルや実験供試体は,地震動を受ける地上の建設構造物を念頭において設定されたものであることをまずお断りしておく.
　では,それらが不安定になるとはどういうことだろうか？
　加速度や速度を考慮しない静的問題では,構造物内の塑性化が進行して荷重―変位関係曲線の勾配がフラットや負勾配になること,塑性ヒンジ箇所が増えて不静定化すること,あるいは増分解析が発散することなどをもって不安定と判断されることがある.これらはいずれも,荷重と変形の関係が一義的には定まらなくなり,外力に対する構造物の応答性状が急激に変化する恐れのある状態を判断するための目安といえるだろう.
　本書では,図1.1のように外力に対する応答性状が急激に変化して,そのイベント前後が不連続的になるような現象が発生すること,またはそういうことが起こる危険性が高い状態を指して不安定としている.例えば座屈は代表的な構造不安定現象の一つである.図1.1では静的問題をイメージしたが,動的挙動中(振動中)に,座屈などの発生によって振動性状が急激に変化する現象が本書のテーマである.

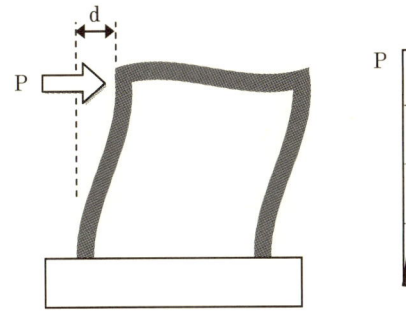

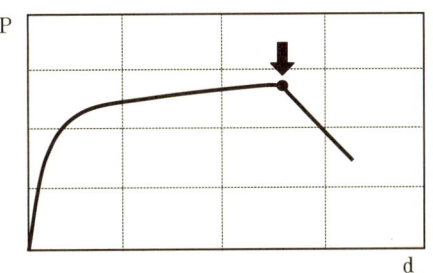

図1.1　構造物の非線形と不安定

また，ここで特に記しておきたいのは，本書が不安定現象の発生のみならず，現象を伴わない不安定な状態にも着目している点である．

例えば，足がしびれて何かにつかまらなければ立っていられない人が，片手で何かにつかまって立っている状態（図1.2の①）から，つかまる手をもう一方に変える（③）とする．このとき，ほんの短い時間①と③の間に，何にもつかまっていないが，見かけ上は平然と立っている状態②があったとしよう．

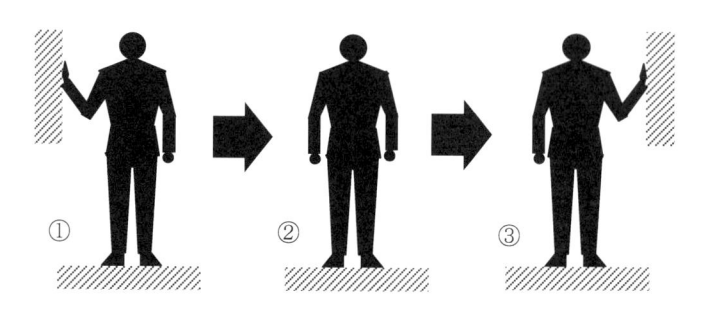

図1.2　ある安定状態から別の安定状態に移る間の不安定状態

状態①と③は手でつかまることによって，どうにか安定している．しかし①から③に移る間に何事も起きないからといって，②の状態も安定といえるだろうか？

状態①や③なら正面から突風が吹き付ける程度なら問題なくとも，②の状態でそれが起これればバランスを崩す可能性がより高いだろう．その瞬間に目立った現象が起こるきっかけがあるかないかの差があるのみであって，②は現象の有無によらず状態として不安定なのである．安全性確保の観点からは，短時間であっても②のような状態は望ましくない．

振動している構造物においても同様に，不安定な状態に陥りながら，たまたま目立った現象が発生しないということがあり得る．構造不安定が懸念され，それを数値解析によって検証する際には，想定された外乱下で何か甚大な現象が起こるかどうかに着目して，起こらなければよしとするのではなく，現象の有無に関わらず構造物が不安定な状態に陥らない，または近づかないことを確認すべきと考える．

1.1.2　非線形解析による不安定性の照査

構造物がそのような不安定状態に陥る危険性を数値解析で検証する際に，本書内で使用しているのが弾塑性と幾何学的非線形を考慮した複合非線形解析である．

近年，橋梁や建築の耐震設計において，静的または動的な非線形解析は一般的な手法として用いられている．ただし，広く普及しているのは骨組モデルによる弾塑性解析であって，

非線形構造解析手法のごく一部である．弾塑性の考慮の仕方のみに着目しても，材料の応力－歪レベルの構成則を規定するものや，部材の断面力－変形関係，あるいは建物の層せん断力－層間変形関係の履歴則を規定するものなどいくつかの種類があるし，構造物の挙動に影響を及ぼす非線形性は，このような材料や部材の塑性化に起因するものばかりとは限らない．

特に構造不安定と関わりが深い非線形性には，弾塑性の他に，幾何学的非線形と呼ばれるものがある．この言葉は最近よく耳にするようになってはきたものの，材料や部材の塑性化と比較して，「どのような現象を伴うのか」，「どのようなときに考慮すべきなのか」といった基本的な認識が技術者の中に十分浸透していないように見受けられる．塑性化は「変形しすぎて元の形に戻らなくなること」など，簡単な言葉でおおよその概念を伝えられるのに対し，幾何学的非線形は短い言葉で分かりやすく表現することが難しいためであろう．

本書では，弾塑性と幾何学的非線形を同時に考慮した複合非線形動的解析を基本ツールとして使用していくが，弾塑性や減衰などについてはごく一般的な条件や手法を用いるに留め，幾何学的非線形解析手法の応用を中心に述べていくこととする．

1.1.3 定量的な検証

本書のテーマのもう一つの重要ポイントは，定量的な検証ということである．

従来，振動中の構造不安定は，複合非線形動的解析中の発散や応答結果に見られる急激な変形など，主に解析上の現象から判断されてきた．これを本書では定性的な評価と呼んでいる．現象からの定性的評価では評価者によってバラつきが出る恐れがあるし，先に述べたように現象を伴わない不安定状態まで評価対象とした場合，明らかに不十分である．

構造物が不安定状態に陥ったことを定量的に判定するための指標を見つけ出すことは，本書の重要課題である．さらにその指標には，瞬間の状態における不安定状態への接近度，あるいは不安定判定までの余裕の定量的評価を可能にすることが期待される．

1.2 動的構造不安定評価の現状

次に，このような構造物の動的構造不安定を，数値解析を用いて評価しようとしたときの現状の問題点を整理してみたい．

1.2.1 様々な動的構造不安定

構造物の動的不安定問題は本質的に異なる複数タイプの現象を含んでいる．例えば，本書で解析例として取り上げている橋梁と関連が深いものには，ダイバージェンス（発散）や，

フラッター（共振・励振）などが挙げられる[2),3)]．それらの原因となる動的外乱も地震・風・車両走行・歩行・水流など多岐に渡るが，各々に対する解析手法は，静的問題や一般耐震問題と比較して整備が進んでいない．

研究報告や検討事例が多い座屈問題に関しても，「地震時の」あるいは「動的な」という前置きが付くと，有用な過去の知見は急激に少なくなる．動的座屈に対する確立された検討手法がないため，どのような形式・規模の構造物がどの程度の危うさを持っているのかを示すデータが系統立てて蓄積されていない．このため，各種構造物の地震時座屈検討の必要性を明確な根拠を持って判断するのは難しい状況である（図 1.3）．

1.2.2 地震時座屈に対する懸念の曖昧さ

この地震時の座屈に対する懸念の曖昧さは，例えば，土木学会「コンクリート製長大アーチ橋の設計方法に関する研究小委員会」（委員長：名古屋大学大学院　田辺忠顕教授）による，国内のコンクリート製長大アーチ橋（支間長 100m 以上）の設計・施工方法に関する実態調査[4),5)]から具体的にうかがい知ることができる．

この調査によると，調査対象 35 橋中，橋梁全体系を対象として常時または地震時の構造不安定の危険性を解析や実験によって検証しているもの[6)など]は 6 橋のみである．実施されているものとされていないものは，橋梁規模（アーチ支間長，ライズ）や固有周期など，何らかの目安によって区分されている様子はない．つまり明確な判断基準があるわけではなく，関わった技術者や研究者の中から経験的に懸念が表明されたケースでのみ検討が実施されている様子がうかがえる．また，解析的検討が実施されている場合の具体的な検討内容や手法も，それぞれ個別に判断がなされている．このような手法も外力設定も統一的でない条件下での座屈照査からは，その構造物固有の判定情報を得ることはできても，別の構造物の危険性を類推する際に使用できるような一般性のある知見を得ることは難しい．これが図 1.3 に示すような，洗練されないサイクルが続いている由縁であろう．

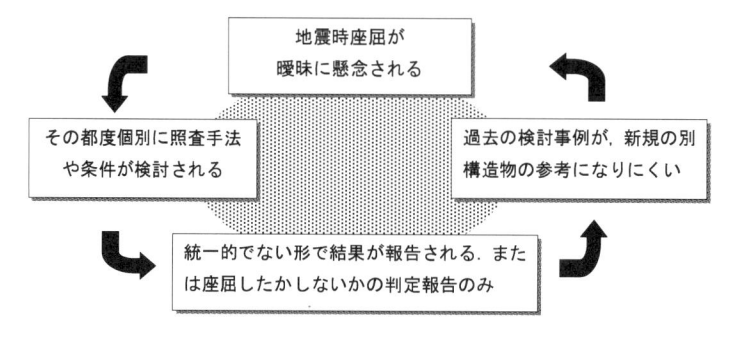

図 1.3　地震時座屈照査に見られる洗練されないサイクル

1.3 既往の座屈照査手法と課題

次に，静的・動的含め問題を「座屈」に的を絞って，既往の照査手法とその課題をレビューする．橋梁全体系への適用を想定し，具体例を挙げながら述べていく．

1.3.1 座屈照査手法の概要
(1) オイラーの手法
本書では，構造物が不安定状態に陥る危険性を検証するための解析手法は，複合非線形解析を基本とすると先に述べた．しかし現在，骨組構造物でもっとも一般的に行われているのは，構造物内の個々の部材の有効座屈長を設定し，それによって部材ごとに発生軸力に対する座屈耐力を設定するオイラーの座屈理論を利用した手法[7]などであろう．

解析中にこの座屈耐力に達した部材があるかどうかで座屈判定を行うもので，幾何学的非線形を考慮した解析が必要とされてはいない．通常は，想定荷重下で座屈耐力に達する部材があることを許容しないが，耐力を超えた部材の座屈を擬似的に塑性化に模して軸剛性を低下させ，座屈後の解析を継続して行うこともある．

この手法は，次のような適用限界があることを認識した上で活用すべきである．
1) オイラーの手法は材料的には降伏応力以下が適用範囲である．各部材の有効座屈長を設定する際には，部材端接合条件が重要となるが，剛結合だった部分が塑性化によってヒンジ化することもある．
2) 軸力部材を想定した手法である．軸力のほかに大きな曲げモーメントやせん断力が発生している3次元のはり要素などへの適用は，補正のための種々の工夫はあるとしても，構造形状や地震時挙動が単純でない場合には十分カバーできないケースもある．
3) 座屈には，可動節点を介して連なる複数部材が，ある形状を形成して座屈する「系の座屈」（4.3.1参照）というべきものもあるが，個々の部材レベルの座屈に着目しているオイラーの手法のみではこれが検知できない．系の座屈は部材レベルで座屈耐力に達する以前にも以後にも発生する可能性がある．

(2) 複合非線形解析
複合非線形解析で座屈照査を行う際の手法選定のポイントは，静的または動的のいかなる外力下で照査するかという点と，その外力により個々の部材が塑性化に至る可能性があるか否かの2点である．

例えば，常時荷重は静的に明白に設定可能であり，それによって各部材とも塑性化に至る

ことがないよう常時設計がなされている．他方，地震時は照査用の外力として静的・動的荷重のいずれも考えられ，それらの作用中に各部材が塑性化に至ることは一般的にあり得る．解析手法はこれらのポイントを考慮して選定すべきである．

比較的よく用いられる座屈解析手法としては，固有値解析と静的増分解析が挙げられる．これらの手法はいずれも，静的な基準荷重を想定し，これに対して幾何学的非線形性を考慮した解析の中で，接線剛性マトリックスK_t（材料剛性マトリックスK_m＋幾何剛性マトリックスK_g）のデタミナント値（行列式の値）が0，すなわち剛性マトリックスが特異となる荷重倍率を求めることが基本となる．特異点は荷重と変位の関係が唯一に定まらない数学的不安定状態であり，さらに極限点または分岐点に分類される[8]（図1.4）．

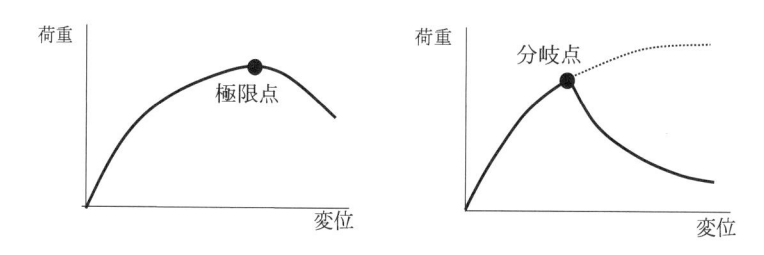

図1.4 静的問題における特異点（座屈点）の分類

極限点は柔構造アーチやドームにおけるスナップスルー[8]など，発生する場面が限定される．また，文字通り極限まで健全に近い状態で外力に抗し続けて，内力を増加させた後に発生するもので，形状や外力などに通常何らかの不均等性を有する実構造物にあっては，ごくわずかなきっかけによって極限点に至る以前に分岐が発生することが多い．

しかし極限点，分岐点のいずれであっても，それ以上の耐荷力を期待できず，かつ急激な変形が発生する恐れがあるポイントであるから，通常は，静的問題では特異判定をもって座屈判定としている．この時点で想定荷重に対して十分に大きい荷重倍率を得ていれば，当該荷重作用時の座屈に対する安全性能は満たしているとみなされる．

十分な耐荷力を発揮する前に座屈判定が出たのであれば，座屈後の挙動追跡よりも座屈の回避検討が重要となる．回避検討のために必要な情報はほぼ座屈点（特異点）で得ることができるので，座屈点以降も解析を続行する（座屈後挙動を追う）ことは，研究目的以外ではさほど重要にならないことが多い．

十分な耐荷力を有しているか否かを判断するための定量指標は座屈点荷重倍率（地震荷重に対しては座屈震度）であり，座屈点で座屈固有値解析（後述する）を実施した際に得られる座屈モード（座屈形状）は，座屈によって耐荷力が低く抑えられた場合の対策のヒントと

なる情報である．同じ座屈点荷重倍率であっても，ごく局部的なモードの座屈であるのか架構全体に及ぶモードの座屈であるのかによって対策は異なってくる．

このほか地震時座屈解析手法として動的解析を用いることがある．この場合は，複合非線形動的解析が過大な変形や発散を経験せずに安定に終了することを定性的に確認し，これによって想定地震動作用時の座屈に対し安全と判断していることが多い．近年はこれに対し，地震時座屈に対する評価をより明瞭に定量化しようとした，動的解析と固有値解析を組み合わせた照査手法の提案もなされている．

以下，個別の解析手法ごとに，さらに詳細な整理と課題の抽出を行っていく．

1.3.2 線形座屈固有値解析

線形座屈固有値解析[7]は静的な想定荷重が作用した応力（または断面力）状態に式(1.1)の固有方程式を適用するものである．

$$([K_m] + \lambda_d [K_g]) \{u\} = \{0\} \tag{1.1}$$

ここで，

$[K_m]$：材料剛性マトリックス（初期断面），

$[K_g]$：現応力状態で評価される幾何剛性マトリックス，

$\{u\}$：固有モードベクトル

座屈固有値 λ_d は，想定荷重による構造物内の応力状態が，分布の比率は不変のまま一律に線形に増加し，かつその間の変形は微小であるという前提で，座屈点までの現荷重に対する倍率を示す．発生する可能性がある複数の座屈モードごとに別個の固有値 λ_{dn}（n 次の座屈固有値）が得られるが，固有値が異なっていれば各次のモードに同時性はないので，通常は最小座屈荷重倍率に相当する 1 次座屈固有値 λ_{d1} がチェックの対象となる．図 1.5 にこの手法で計算されたコンクリート製アーチ橋の座屈固有値と座屈モードの例を示す．

想定荷重全載状態が $\lambda_d=1.0$ であるから，想定荷重下で座屈しないことを示すためには 1.0 より大きい λ_{d1} を得る必要がある．λ_{d1} が 1.0 よりどの程度大きい数値であるかは座屈までの余裕の大きさを示しているといえるが，架構の弾性限界相当の荷重倍率より大きい λ_{d1} が得られた場合など，応力状態がおおむね線形で推移するという前提条件を満たさなくなる領域に入る場合は，λ_{d1} と真の座屈点の間にずれが生じる．

比較のため，図 1.5 で常時荷重に対する座屈固有値を示した支間長 250m のアーチ橋モデルに，複合非線形静的増分解析（この後 1.3.3 で詳細に述べる）で常時荷重を段階的に増幅

して与えた例を図1.6に示す．線形仮定の常時荷重に対する座屈固有値（座屈点荷重倍率）は 6.17 であったのに対し，非線形性を考慮した座屈点荷重倍率は塑性化や変形の影響で 3.68 まで低下している．

●支間長：250m／ライズ：50mのコンクリートアーチ橋

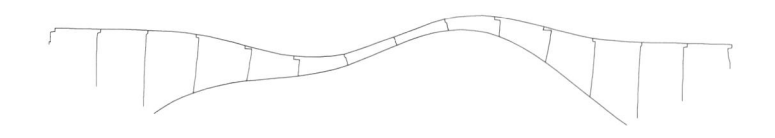

常時荷重に対する最小座屈荷重倍率(6.17)の座屈モード

●支間長：600m／ライズ：100mのコンクリートアーチ橋

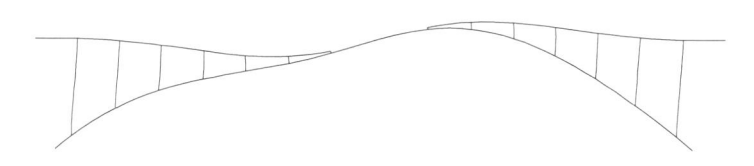

常時荷重に対する最小座屈荷重倍率(2.76)の座屈モード

図1.5 常時荷重に対する座屈固有値解析結果例[4]

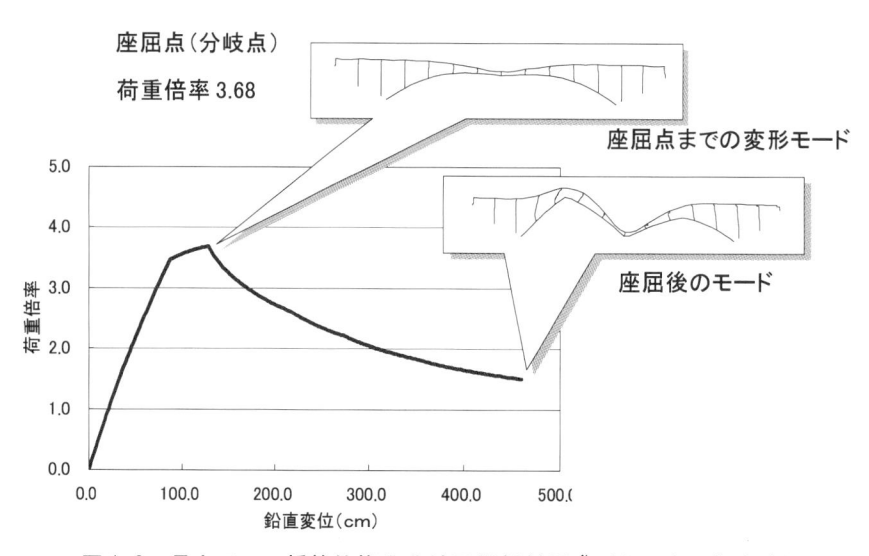

図1.6 長大アーチ橋静的複合非線形解析結果[4]（クラウン部中央）

しかし，塑性化まで十分余裕があり，極端に大きな変形が発生する危惧のない荷重に対する検討であれば，その何倍かの荷重が作用して部材が塑性化，あるいは架構が変形した状態の座屈点を求める意義は小さい場合も多い．例えば常時荷重想定の場合，その何倍まで安定が保てるのかは興味深くはあるが，重要なのは常時設計で期待された性能が座屈の発生により損なわれないことの確認であろう．これが目的であれば，部材剛性として全断面有効剛性や等価剛性を用いた解析モデルによる線形座屈固有値解析で十分な評価が可能である．

式(1.1)による線形座屈固有値解析の適用は，応力・変形０の状態から想定荷重全載状態，さらに座屈発生まで全て線形に推移することを前提としている．また，荷重倍率の変化の仕方が異なる複数の荷重を扱うことはできない．したがって，重力が作用する地球上の構造物では，厳密には重力（死荷重）に対する検討にしか使用できないという適用範囲の狭さを持っている[9]．しかし，運用は手軽であるから，本来の適用範囲や前提条件をよく認識した上であれば，種々の簡易検討に活用あるいは応用できると考えられる．

1.3.3 非線形座屈解析（静的手法）
(1) 増分解析中の座屈点を特定する固有値解析

部材の弾性範囲を超える可能性がある荷重に対する検討においては，段階的に進展する部材の塑性化や，変形・応力変化の影響を考慮した座屈点探査が必要となる．これは複合非線形静的増分解析により可能となる．複合非線形静的解析は，定式化として全ラグランジェ定式化や修正ラグランジェ定式化[8]など，増分解析の制御法として変位増分法や弧長増分法[10]などの手法が確立しているが，さらに接線剛性マトリックスのデタミナント値のチェックと座屈点における座屈固有値解析が挿入されることで，より明確な座屈判定が可能になる．

座屈点が，増分解析中のある連続した２つの荷重ステップの中間に存在している場合，座屈点前後の荷重ステップでは接線剛性マトリックスは特異ではない（デタミナント値の正負は逆転しているが０ではない）から，解析上は座屈点を通過しても現象は何も起きず安定に計算が進む可能性がある．このような見落としを避けるためには，荷重ステップごとに接線剛性マトリックスのデタミナント値の正負を逐次確認し，これが正から負，または負から正へ変化した段階で（これはデタミナント値０の状態を通過した証拠である），式(1.2)のような増分形式の座屈固有値解析[10]を実施して，ステップ間に存在する座屈点を特定する必要がある．

$$([K_t] + \lambda[\Delta K_g])\{u\} = \{0\} \qquad (1.2)$$

ここで，

[K_t]: 前ステップ平衡状態の接線剛性マトリックス，

[ΔK_g]: 現ステップの増分応力による幾何剛性マトリックスの増分係数，

{u}: 固有モードベクトル

式(1.2)は式(1.1)をより一般化したものであり，本質的には同じ式である．式(1.2)の「前ステップ（図1.7のA）」を応力・変位0の状態，「現ステップ（図1.7のBまたは一致するC）」を1ステップで想定荷重を全載させた状態に限定すると式(1.1)となる．

式(1.2)は，非線形解析においても単一の増分ステップ区間内に限れば，増分変位が微小でほぼ線形に推移する（とみなせる程度に細かいステップ刻みである）ことを前提として，前ステップの平衡状態を基準に，現ステップの各部材の増分応力が，（解析上で）実際に発生したものの一律何倍であれば接線剛性マトリックスが特異となるかを求めるものである．

式(1.2)の固有方程式を解いた結果として得られる固有値 λ がこの倍率を表し，同時に座屈モードを得ることができる．式(1.1)の場合と同様に，通常は最小（1次）固有値 λ_1 がチェックの対象となる．$\lambda=1.0$ は現ステップの初期応力状態（図1.7のB）を，$\lambda=0.0$ は前ステップの平衡状態（同A）をそれぞれ指しているから，前・現ステップ間に座屈点が存在するのであれば $0.0 \leq \lambda_1 \leq 1.0$ であり（存在すること自体はデタミナント値の符号変化ですでに確認済みだが），前ステップ平衡点の荷重倍率が λ_a，現ステップへの増分荷重倍率が $\Delta\lambda$ とすると，座屈点の荷重倍率は $\lambda_a + \lambda_1 * \Delta\lambda$ となる．

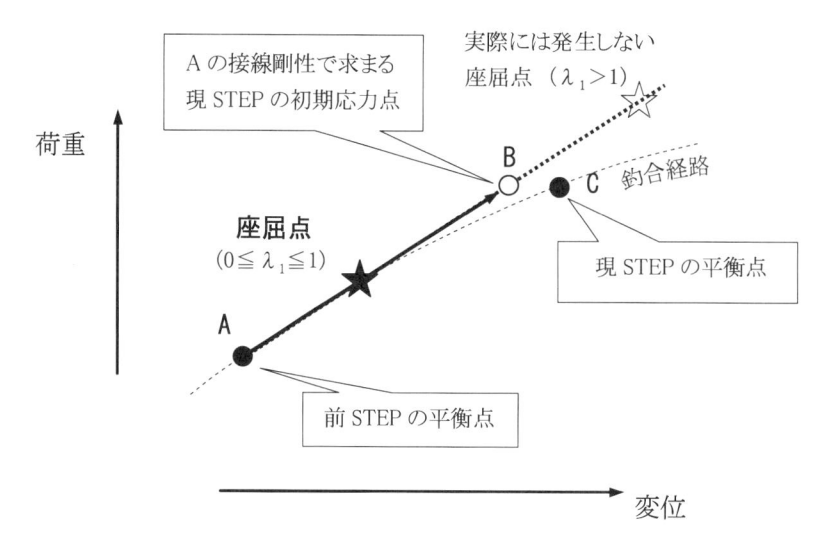

B≒Cを前提に，AB間に座屈点が存在しないか探査する

図1.7 増分形式の座屈固有値解析による座屈判定

(2) そのほかの固有値による座屈判定

このほか，静的増分解析中に式(1.2)によるものとは別の固有値解析を用いて不安定判定を行っている研究[11]もある．谷口ら[12]はコンクリート製アーチ橋を対象とした静的増分解析の各増分ステップで，式(1.3)による接線剛性マトリックスの標準固有値解析[16]を繰り返し実施し，固有値が負となるポイントを探査している．

$$([K_m] + [K_g]) \{u\} = \lambda \{u\} \tag{1.3}$$

ここで，

$[K_m]$：瞬間の材料剛性マトリックス，

$[K_g]$：瞬間の幾何剛性マトリックス，

$\{u\}$：固有モードベクトル，λ：標準固有値

この研究では，1次標準固有値が負となった時点で荷重－変位関係は極大点を迎え負勾配領域に入っているが，さらに解析を進めて，2次以降の固有値の0への接近度で構造物の安定性を評価している．

(3) 静的な地震時座屈評価の課題

以上のような静的増分解析をベースにした手法は，いずれも架構が塑性化に及んでなお，耐荷力やじん性の保持が期待されている状態への適用が期待される．具体的用途としてすぐ想起されるのは地震時の座屈である．すなわち，座屈震度を指標として地震時座屈に対する性能を評価するということであるが，この場合は照査のための合理的な荷重分布の設定方法がないことが問題となる．これは座屈が懸念される構造物に地震時の挙動が複雑なもの[13]が多いことと関連している．

例えば長大アーチ橋では，水平地震動入力時に水平のみならず上下方向にもうねるように応答することが知られており[14),15)]，このことが座屈の危険性に影響を与えることは十分考えられる．したがって，節点重量をそのまま水平方向に用いた（一様震度の）静的増分解析によっては，適切な地震時座屈照査とならないと考える必要がある．

前述した「コンクリート製長大アーチ橋の設計方法に関する研究小委員会」で，支間長600mのコンクリート製長大アーチ橋の試設計モデル（この後図4.4，図4.5に示す）に対して，一様震度のプッシュオーバー解析を実施した際には，橋軸直角方向で0.1G程度の非常に低い座屈震度を得たが，その後，その数値のみでは耐震性能の過小評価となることが判明している[5),16)]．静的手法が安全側評価となるか危険側評価となるかも一概には言えない．

静的非線形解析によって得られる座屈震度は，意味合いが分かりやすく一般性の高い評価指標ではあるが，コンクリート製アーチ橋に限らず，形状や構造形式などに何らかの特徴を有する地震時の挙動が複雑な構造物では，動的解析による耐震性能照査が一般化している．そうした地震時検討の中で，座屈に着目した場合にだけ静的手法を用いることは，妥当性に問題がある上に，そのために別途の解析プロセスが増えるので実務上も望ましくない．通常の動的解析による耐震性能照査解析の中で，必要に応じて同時に，座屈照査も行われることが望ましい．

1.3.4　非線形座屈解析（動的手法）
(1)　複合非線形動的解析を利用した座屈照査

複合非線形動的解析は長大アーチ橋や斜張橋，吊橋などの耐震設計においては近年よく利用されている．ただしこれは，このような構造物では部材の応力状態や架構の変形状態が架構全体の動的挙動に与える影響が大きいことが知られている[14),15)]ためであって，多くの場合，座屈の危険性までは明確に意識されていない．

例えば，よく参照されているコンクリートアーチ橋の耐震性能照査計算例[14)]では，常時荷重作用状態で評価された幾何剛性を動的解析中更新せずに考慮する，線形化有限変形理論[17)]に基づく簡易的手法が使用されているが，この手法は応力状態の影響を剛性などに反映させるという観点では有効であるものの，動的挙動中の座屈発生や不安定状態を捉えることはできない（理由は2.3.3で述べる）．

一方，座屈の危険性が意識されている場合であっても，時々刻々剛性マトリックスが更新される複合非線形動的解析を実施すれば，座屈照査もカバーされているという認識が一般的である．つまり，複合非線形解析を実施することで，危険な状態となれば座屈などの不安定挙動が解析上に現れるものとして，該当する現象が見受けられないことで地震時の構造安定性に問題がないと判断していることが多い．

この方法で該当する現象が見られた場合は，明確な危険性の検知となる．しかし，現象が見受けられなかった場合，それをもって明確な安全性の確認とすることはできない．十分余裕を持って座屈しなかったのか，ギリギリで座屈しなかったのか，あるいは座屈現象が発生してもおかしくない状態に陥っていながら，たまたま現象が起きなかったのかは，複合非線形動的解析結果のみからは判断できないからである．「何も起きなかった」という結果のみでは，安全性を確認するための情報として十分といえない上，別の類似構造物の地震時座屈に対する危険性を類推するための知見としても利用し難い．

(2) 地震時座屈の定量評価

　この点を改善に近づけた研究として，動的複合非線形解析中に式(1.3)による固有値解析を繰り返し挿入し，（標準）固有値が負となる瞬間の検出を試みた，姫野らによるコンクリート製アーチ橋の解析事例[18]がある．この手法は動的座屈発生の定量的な判定に着目した点で注目に値する．しかし座屈判定が出なかった場合に，「最も危険に近づいたのはどの時間帯であったか」，「その時点ではどのようなモードの座屈に近づきつつあったのか」，さらに「その座屈点までどの程度の余裕を残していたのか」などの情報を明瞭な形で得ることは，この手法をもってしても相変わらず困難であった．

　最危険時の余裕を定量的に把握できれば，より明瞭な性能評価や比較が可能になり，それらの事例は当該構造物固有の判定情報に留まらない一般的に有用な知見となり得る．

　複合非線形動的解析の応答性状から定性的に座屈発生を判断する場合も，式(1.3)による標準固有値による定量判定を行う場合も，座屈が具体的挙動として現れていない状態の余裕に関する情報が得られない点は同様である（標準固有値の絶対値の大小は余裕の大きさとは直接関連しない）．十分な余裕を持って座屈しなかったことを確認するためには，解析上に座屈現象が発生するまで地震動を段階的に増幅させて動的解析を繰り返すという煩雑な作業も考えられるが，そのような検討を実施している例[19]は橋梁以外を含めても多くは見当たらないし，すでに繰り返し述べている通り，解析上の現象で座屈発生を判定しようとする限り，適正な余裕の把握は難しいと考える．

1.4　解決すべき課題の整理

　以上に述べてきたような，座屈をはじめとする地震時構造不安定照査の現状について，解決すべき課題は次のように整理される．

(1) 動的な照査

　座屈をはじめ構造不安定が懸念される構造物は，長大スパンやハイライズあるいは部分的にスレンダーな箇所を有するものなどであり，地震時に複雑な動的挙動を呈するものが多いと考えられる．このため橋梁でこれに該当するものは，静的解析手法では合理的な地震時の検討は難しいとの判断から，道路橋示方書等によって非線形動的解析を用いた耐震設計法を適用することが規定されている．

　地震時の構造不安定の危険性に着目する場合も，架構全体系モデルを用いた非線形動的解析の中で検証すべきだが，このような手順はこれまでに整備されていない．

(2) 余裕評価と定量指標

　従来の地震時座屈照査は，想定荷重または想定入力地震動下で「座屈するかしないか」という判定に終始しているものが多かった．動的照査で定性的に座屈現象が検知されなかった場合に，ギリギリで座屈しなかったのか，十分に余裕を持って座屈しなかったのかを明確に示すためには，瞬間の座屈しにくさ，あるいは座屈していない状態での座屈判定までの余裕の大きさを定量的に示す指標が必要となる．

(3) 数学的不安定と構造不安定

　静的問題では接線剛性マトリックスのデタミナント値が 0，すなわち連立 1 次方程式が解を持たず，荷重と変位の関係が一義に定まらない状態が構造的にも不安定と判定される．

　しかし動的問題においては，たとえ倒壊中であっても瞬間の状態が存在し得れば理論（数学）上の不安定とはならない．したがって数学上の動的不安定点（運動方程式の解が存在しない状態）の探査では，構造物が実質的に危険な状態に陥っていることを検知できない可能性がある．構造安全性の観点から評価すべき動的挙動中の不安定とは何を以って判断すべきなのかを見直す必要がある．

(4) 現象の見逃し

　幾何学的非線形を考慮した動的解析で，応答結果に不安定挙動が発生しているかどうかを定性的に確認する座屈照査手法は，解析結果を検証する人間が現象を見逃す可能性のみならず，動的解析プロセス自体が不安定な現象や状態を見逃す可能性もある．また動的な構造不安定現象には座屈を含むダイバージェンス（発散）のほか，フラッター（共振・励振）などもあり，これらは異なるメカニズムで発生することが知られている．複数タイプの不安定現象が，幾何学的非線形を考慮した動的解析実施のみでどの程度把握できるのかを改めて検証する必要がある．

　2 章以降では，以上の問題を解決に導くための解析手法に関する検討と提案を行い，その提案に対して実験と解析を交えて有効性を検証し適用範囲を明らかにするとともに，検証結果をフィードバックして提案手法を補強していく．それらは何らかの原因で振動を起こす大〜小規模の構造物全般に対して有用な知見を提供できるものと考えるが，本書では地震動を受ける橋梁を題材として述べていく．また，地震時の座屈への対応手段の整備を優先課題としつつも，別タイプの不安定現象も視野に入れて述べていきたい．

1.5 1章のまとめ

本章では以下のことを述べた．

(1) 本書のテーマは「振動している構造物が不安定状態に陥る危険性を，非線形解析によって検証すること」である．不安定現象のみならず，現象を伴わない不安定な状態にも着目している．

(2) 動的非線形解析は耐震設計の一般ツールとなったが，動的座屈をはじめとする動的構造不安定問題（ダイバージェンスやフラッターなど）は，しばしば懸念されていながら，設計実務上の検討手順が明確にされていない．代表的な構造不安定問題である座屈に絞っても，動的現象に関する知見は多くは蓄積されていない．

(3) 常時荷重に対する座屈は，最も手軽な線形座屈固有値解析で評価可能である．座屈固有値は座屈点荷重倍率を示しており，これが性能指標となる．線形座屈固有値解析は取り扱いが平易であるが，本来の適用範囲はごく狭い．この点をよく認識した上で，種々の簡易検討に応用することを考えるべきである．

(4) 常時荷重以外によって起こる座屈についても，静的な荷重設定さえ明白であれば，部材の塑性化の有無に関わらず，静的増分解析と固有値解析の組み合わせによる既往手法で照査可能である．この場合の静的座屈解析手法は十分整備されているといってよい．ただし，地震時の座屈はこれに当てはまらない．座屈が懸念される構造物は概して地震時の挙動が複雑であり，静的な地震時座屈評価手法を追求していくことには限界がある．

(5) 地震時の座屈については，静的／動的いずれの外力を用いるにせよ，照査手法に関して検討の余地を残している．本書では複合非線形動的解析をベースにして手順を整備することを目的とし，座屈判定はもとより，座屈に至らない状態の余裕を定量的に把握することをも目標とする．

(6) 動的座屈への対応を優先課題として，解決策（解析手法）を提案し，実験と解析を織り交ぜてその手法の有効性の検討結果等を示すことを本書の主目的とする．ただし，座屈とは別タイプの動的構造不安定現象を視野に入れた検討も行う．

2. 動的構造不安定の定量評価指標

前章で述べた本書の目的のためには，動的構造不安定の定量評価指標が不可欠である．

本章では，既往の研究も参考にし，その候補として動的解析中に時々刻々求める3種類の固有値に着目した．

2.1 定量評価指標の候補

2.1.1 動的解析中に求められる固有値

関連する既往研究の中で，ダイバージェンスあるいは動的挙動中の座屈に対しては，瞬間の各種固有値を用いる（複合非線形動的解析の各時刻ステップに固有値解析を繰り返し挿入する）評価手法の提案がなされている．それらの中で使用されているものと本書で提案するものを含め，3種類の固有方程式を以下に記す．

(1) 振動固有値 ω^2

$$([K_m]+[K_g]-\omega^2[M])\{u\} = \{0\} \tag{2.1}$$

ここで，

[K_m]：瞬間の材料剛性マトリックス，

[K_g]：瞬間の幾何剛性マトリックス，

[M]：質量マトリックス，

ω：固有円振動数，

$\{u\}$：振動モードベクトル．

(2) 標準固有値 λ_s

$$([K_m]+[K_g]-\lambda_s[I])\{u\} = \{0\} \tag{2.2}$$

ここで，

[K_m]：瞬間の材料剛性マトリックス，

[K_g]：瞬間の幾何剛性マトリックス，

[I]：単位マトリックス，

λ_s：標準固有値，

$\{u\}$：モードベクトル．

(3) 座屈固有値（増分形式）λ_b

$$([_pK_m]+[_pK_g]+ \lambda_b [\Delta K_g]) \{u\} = \{0\} \quad (2.3)$$

ここで，

[$_pK_m$]：前 STEP 平衡点の材料剛性マトリックス，

[$_pK_g$]：前 STEP 平衡点の幾何剛性マトリックス，

[ΔK_g]：現 STEP の初期増分応力による幾何剛性の増分係数，

λ_b：座屈固有値，

$\{u\}$：座屈モードベクトル．

式 (2.1)，式 (2.2) は幾何剛性を含む点を除けば一般的によく知られた固有方程式である．また，式 (2.2)，式 (2.3) はそれぞれ前章で記した式 (1.3)，式 (1.2) と同じ固有方程式である．式 (2.3) は材料剛性マトリックスと幾何剛性マトリックスを分離表記した形で，式 (2.2) は他の2式と形式を合わせた．ω^2 を振動固有値と呼ぶのは一般的ではないが，本書内では標準固有値，座屈固有値と明確に区別する必要があったため，そのように呼ぶこととした．

文献 2), 3) では，ダイバージェンスの判定条件は $\omega^2 \leq 0$ で，同時に det($[K_m]+[K_g]$)=0 が成立するとしている．また文献 18), 20) では，det($[K_m]+[K_g]$)=0 が動的挙動中の座屈発生を示すとして，これを式(2.2)による $\lambda_s \leq 0$ で判定する手法が紹介されている．

2.1.2 評価すべき不安定状態と性能指標による評価

det($[K_m]+[K_g]$)=0 成立は，1.3 でも述べた通り，接線剛性マトリックスが特異となり静的な平衡を形成しえない（連立1次方程式の解が存在しない）状態を示しているが，動的問題における運動方程式の解が存在しない状態を意味してはいない．そうであれば，これによって動的な構造不安定を探査していることにならないのではないか？という疑問が生じる．

しかし，動的問題では，たとえ倒壊中であっても瞬間の状態として存在し得れば数学上の不安定とはならないから，運動方程式が解を持たないという意味合いの数学的不安定点を探査することは，構造の安全性確認の観点では重要な意味を持たない（2.3.1 参照）．つまり，実質的に危険な状態となっても，数学的な不安定とはならないため危険な状態であるという判定が得られず，地震時座屈に対する性能を過大評価する恐れがある．この点は数学的不安定をもって座屈判定とする静的問題と異なるところである．

本書で着目しているのは，構造物の動的挙動中に，わずかなきっかけで振動性状が急激に想定外の変化を起こす危険性が高い，構造安全性の観点から安定といえない状態の判定，およびそこに至る以前の余裕評価を定量的に行うことである．この状態は必ずしも運動方程式の解が存在しない状態ではない．

筆者らはこの点を考慮し，また既往の研究も参考にして，動的挙動中の $\det([K_m]+[K_g])=0$ 成立点，いわば「動的挙動中の静的不安定点」の探査によって動的挙動中の座屈を示すことができると考えた (2.3.2 参照)．対象とする現象が数学的不安定と常には一致しない以上，この仮説の有効性を明瞭に示すためには実現象との対比検討が不可欠となる．

2.1.3 増分形式の座屈固有値解析の有用性

3種類の固有値の内，式(2.3)による増分形式の座屈固有値を複合非線形動的解析中に構造不安定の照査を目的として使用した事例は筆者らの知る限りなかったが，1.3.3 に述べた本来のこの式の用途からも分かるように，動的解析中に接線剛性マトリックスのデタミナント値が 0 となる瞬間を探査する手法として利用可能である．この場合の成立判定は，すでに述べたように，$0.0 \leqq \lambda_b \leqq 1.0$ である．

この座屈固有値 λ_b には，他の2つの固有値にはない次のような特徴がある．

(1) 瞬間のポイント（時刻）ではなく，Δt 秒間（積分時間間隔）の幅の中に成立点が存在しないかをチェックしている．したがって $\det([K_m]+[K_g])=0$ 成立点を見逃す可能性が低減される．

(2) 1次（最小）固有値 λ_b は，Δt 秒間に各要素に発生した初期増分応力（不平衡力解除前）あるいは動的な増分地震荷重に対する $\det([K_m]+[K_g])=0$ 成立点までの倍率であるという固有値の意味合いが明瞭である．成立に至らなくても（$\lambda_b > 1.0$），固有値の大きさが余裕の大きさを示している．

これらの特徴が本書の目的に対し効果的に働く可能性が高いと判断し，本書では既往研究の中で使用されている式(2.1)，式(2.2)と同列に加えた．

これら3種類の固有値を用いる判定・評価方法は，いずれも数値解析の観点のみから別々の研究の中で提案されているのみで，それぞれを実験との比較で有効性を論じた例や，2種類以上の固有値について指標としての特徴や優劣を同条件で比較した例は見当たらない．前述した構造安全性の観点での，これらの固有値の動的構造不安定の評価指標としての有効性や適用範囲は，改めて3種類を並列にして検証がなされるべきであろう．

2.2 動的解析中の固有値の変化（鋼製中路式アーチ橋の事例）[21]

　ここで，2.1に述べた3種類の固有値が，鋼製中路式アーチ橋を対象とした複合非線形地震応答解析中にどのように変化するかを具体的に示す．この例題による3種類の固有値の比較のみでは，各固有値の指標としての有効性を検証することにはならないが，それらの時刻歴変化の様相に，構造不安定指標として明らかに不自然な示唆があるか，または有益な示唆がなければ，有効性は期待できないという判断は可能であろう．また，各固有値の個別の特徴などを見出すことも目的のひとつである．

2.2.1 プラットフォーム解析プログラムの仕様

　表2.1に示すような基本仕様の既存の骨組み解析プログラムに，複合非線形動的解析中，時々刻々と先の3種類の固有値を求める機能を追加した（図2.1）．

表2.1 プラットフォームソフトの基本仕様

種　　　別		3次元汎用骨組解析ソフト
弾　塑　性		はり部材のM-ϕ関係により規定
幾何学的非線形	幾何剛性マトリックス	はり部材の存在軸力をパラメータとして作成（2.3.3参照）
	定式化	修正ラグランジェ定式化
動的解析	直接積分法	ニューマークβ法
	収束計算	ニュートン・ラプソン法 残留不平衡力は次ステップへ持ち越し
固有値解析	振動	サブスペース法
	座屈	逆反復法

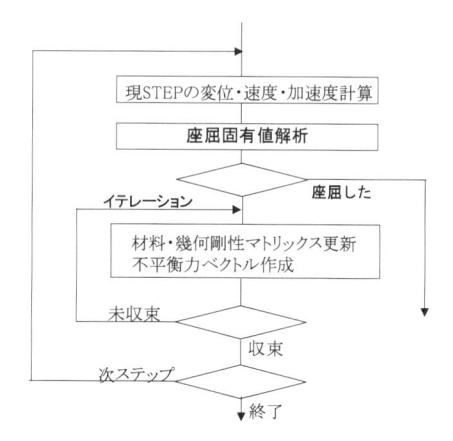

図2.1 増分解析中の座屈判定

2.2.2 解析条件

解析対象を図2.2に示す鋼製中路式アーチ橋の3次元骨組モデル（図2.3）とした．この解析モデルは本書のこれ以降の章でも繰り返し使用するので，「SM160」という解析モデル名を付しておく．SM160は過去に実橋の耐震検討に使用された解析モデルで，耐震性能照査済みのものである[22]．

ここではSM160に対し，次のような条件で計算を行った．

1) 時々刻々の3種の固有値解析（0.01秒間隔）を含む複合非線形動的解析．
2) 直接積分法（ニューマークβ法，$\beta=1/4$）で，積分時間間隔$\Delta t=0.001$秒．
3) 各鋼部材の減衰定数は1%としてレーリー型減衰を用いた．減衰マトリックスは解析中更新しない．
4) アーチリブ部材にM-ϕ関係とM-N相関曲線規定による変動軸力を考慮した部材非線形性を設定し，履歴則は標準型バイリニアとした．桁・鉛直部材は弾性とした．
5) 入力地震波はJMA神戸波3方向同時入力とした（図2.4）．

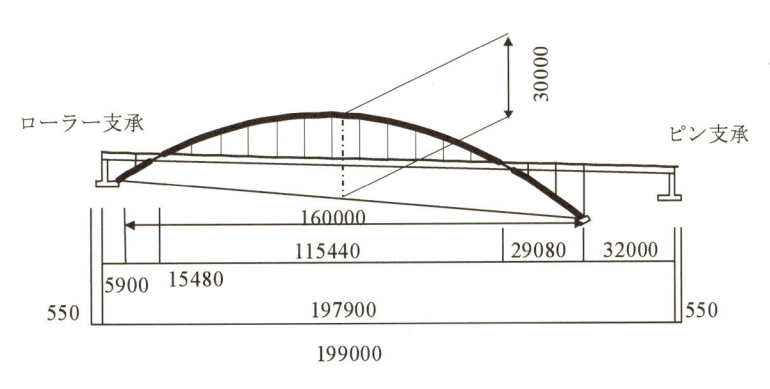

図2.2 鋼製中路式アーチ橋（単位mm）

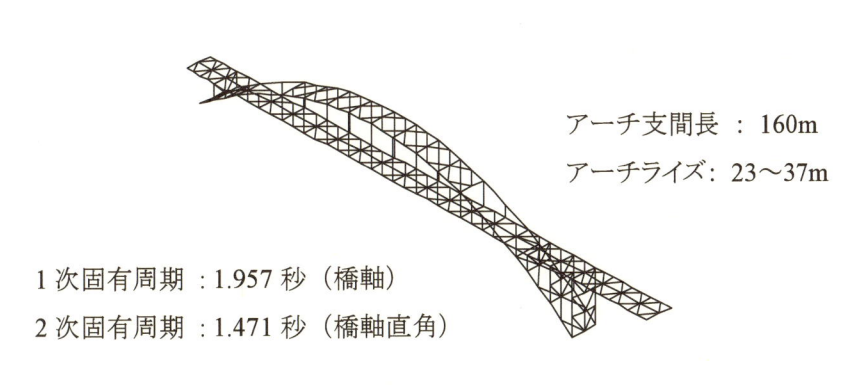

アーチ支間長 ： 160m
アーチライズ： 23～37m

1次固有周期：1.957秒（橋軸）
2次固有周期：1.471秒（橋軸直角）

図2.3 鋼製中路式アーチ橋モデル（SM160）

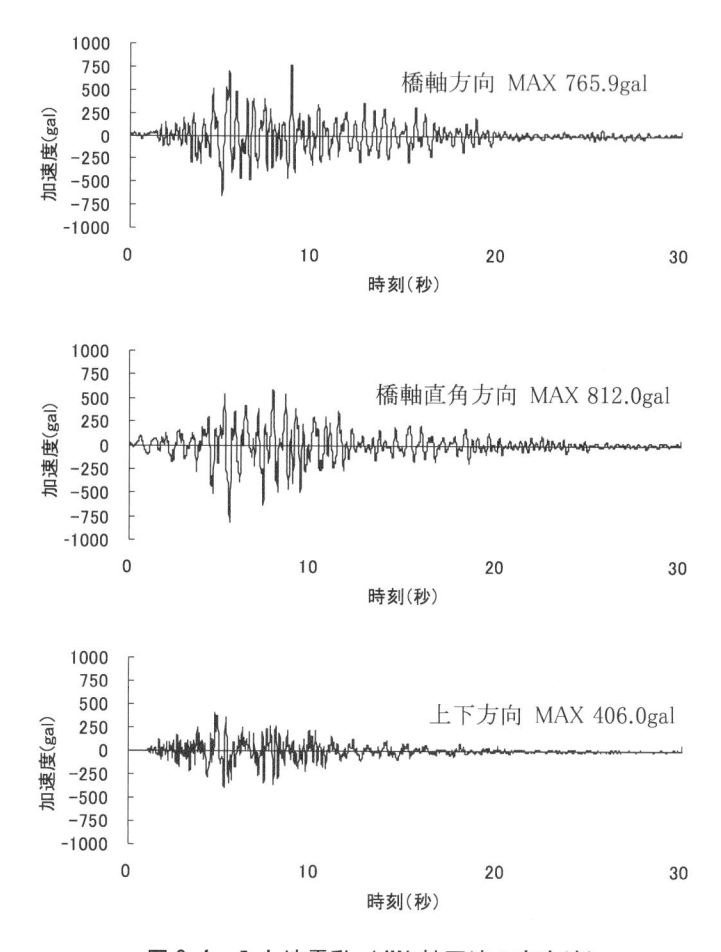

図 2.4 の上2段はそれぞれ道路橋設計で用いられるレベル2地震動標準波形タイプⅡ-1-2 とⅡ-1-1(JMA 神戸スペクトル適合波形)，下段は JMA 神戸の上下動観測波である．本書では，この後もいくつか時々刻々の固有値解析を含む複合非線形動的解析例を示すが，それらによって得られる固有値の比較を明瞭にするため，地震応答解析における入力地震動とΔt はできるだけ揃える方針である．このため図 2.4 の3方向地震動は，本章に限らずこれ以降もしばしば使用する．

図 2.4 入力地震動 （JMA 神戸波3方向波）

2.2.3 解析結果

動的解析を実施した結果，30 秒の地震動継続時間を安定の内に終了し，解析の応答結果の中に不安定的な現象は確認されなかった．そこで，図 2.5 から図 2.7 に示した各固有値の時刻歴に着目したが，3つの固有値ともそれぞれの不安定判定の基準値に達していない．

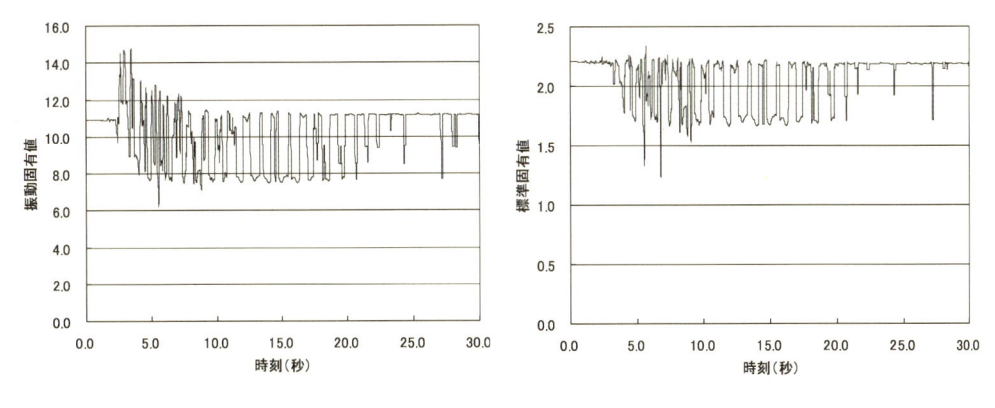

図 2.5 振動固有値の時刻歴

図 2.6 標準固有値の時刻歴

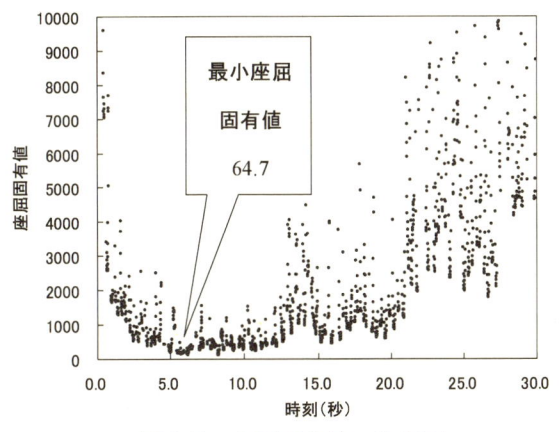

図 2.7 座屈固有値の時刻歴

2.2.4 地震時構造不安定の定量評価の可能性について

応答性状からも各固有値からも不安定現象が発生しているという示唆はないが，時刻 6.0 ～ 7.0 秒付近で 3 種類の固有値とも共通して最小値が現れている．この時刻は入力地震動波形のピークとも概ね一致していることから，(座屈に至ってはいないが) 最も危険に近づいた時刻を 3 種類の固有値が共通して示している可能性が見受けられる．ただし，振動固有値および標準固有値はこの時刻に至って急激に低下しているのに対し，座屈固有値は段階的に低下した後の最小である点では固有値変化の様相が異なる．

また，座屈固有値解析では固有値と同時に座屈モードベクトルも得られるが，この例題における最小座屈固有値 (64.7) 発生時の座屈モードは，図 2.8 のような桁下鉛直部材の変形が卓越する部分系座屈モードであった．

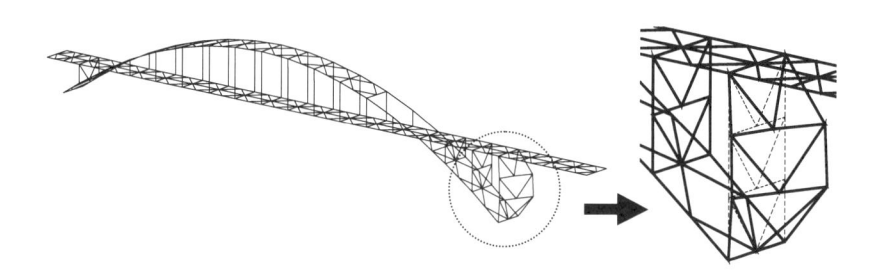

図 2.8 最小座屈固有値発生時の座屈モード

他方,図 2.9 に示すような全体系座屈モード(1 次モードではない)に着目すると,対応する座屈固有値の全継続時間を通じての最小値は 552.6 であった.最も起こりやすい座屈の形状や,他の形状の座屈の起こり易さとの差を,これらの座屈固有値や座屈固有モードが表している可能性が見受けられる.

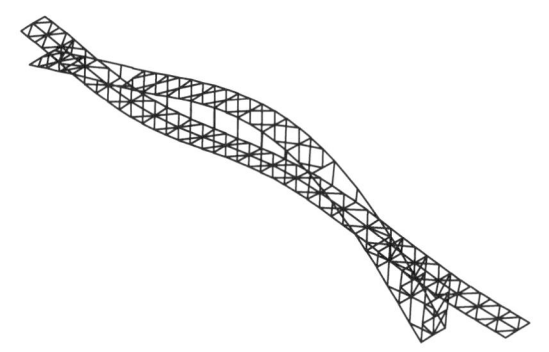

図 2.9 全体系座屈モード

ここでは,以上のような解析結果と,それによって得られた各固有値の変化を見た上での定量評価の可能性について記すに留めるが,少なくともこれらの固有値情報に,動的構造不安定の定量評価指標として否定的な傾向は確認されなかった.むしろ有効性への期待がより高まる結果を得たと判断し,これらの固有値の有効性を引き続き検証していくこととした.

2.3 数値解析に関する補足説明

表 2.1 内に記した各解析手法,あるいは固有方程式(2.1),(2.2),(2.3)については,すでに多くの文献に記述されている[7],[8],[9],[10]など.各々の詳細説明はそれらの文献に預けるが,本書に関連が深い部分に限り,ここで簡単に触れておきたい.

2.3.1 直接積分法と増分形式の座屈固有値解析

動的問題を直接積分法(ここではニューマーク β 法)で解く場合,式(2.4)の運動方程式は式(2.5)のような連立一次方程式問題に変換される[23].

$$[M]\{\ddot{y}\} + [C]\{\dot{y}\} + [Kt]\{y\} = -[M]\{\ddot{y}_0\} \qquad (2.4)$$

⬇

$$[Ke]\{\Delta y\} = \{\Delta Pe\} \qquad (2.5)$$

$$[Ke] = [Kt] + \frac{1}{2\beta\Delta t}[C] + \frac{1}{\beta\Delta t^2}[M] \qquad (2.6)$$

ここで,

- $[M]$:質量マトリックス, $[C]$:減衰マトリックス,
- $[Kt]$:接線剛性マトリックス
  (幾何剛性マトリックス K_g +材料剛性マトリックス K_m),
- $[Ke]$:有効接線剛性マトリックス,
- $\{\ddot{y}\}, \{\dot{y}\}, \{y\}$:加速度,速度,変位ベクトル,
- $\{\Delta Pe\}$:有効荷重ベクトル (増分)

直積積分法は,式 (2.5) から分かるように,各時刻ステップのΔt 秒(積分時間間隔)間の増分変位 {Δy} がまず求まり,ここから増分の加速度,速度,あるいは増分の応力・断面力を計算して,これら微小時間の増分応答を逐次累積していく増分解析手法である.

式 (2.3) は,この直接積分法の1増分区間(Δt 秒間)を対象とした増分形式の座屈固有方程式である.増分解析手法である直接積分法が問題なく成立する程度に細かいΔt が設定されていることが前提となる.他方,固有方程式(2.1),(2.2)は増分区間(時間幅)ではなく,ある時刻の状態をポイント(瞬間)で計算している.この差が固有値の変化の様子に現れてくることは,すでに 2.2 の解析例で示した.

また 2.1 で,本書は「動的挙動中の急激な振動性状の変化点」に着目しているが,これは「必ずしも運動方程式の解が存在しない状態ではない」と述べた.これを式(2.5),式(2.6) で補足する.

運動方程式の解が存在しない状態とは式 (2.5) の解が求まらない,すなわち det[Ke]=0 が成立するということである.しかし式 (2.6) の右辺第 2 項(Cの項),および第 3 項(Mの項)の分母にあるΔt を適切に設定すれば,倒壊が急激に進行している最中など,構造的

に危険かつ計算的に収束しにくい状況でも，理論上は det[Ke]=0 を成立させずにおく（数学上の安定を保つ）ことができる．2.1 で，運動方程式の解が存在しない状態を探査することは，構造安全性照査の観点では重要な意味を持たないと述べたのはこのためである．

同じく 2.1 では，検証すべき動的座屈を「動的挙動中の静的不安定点」，すなわち det[Kt]=0 の成立点（この成立・不成立を Δt で操作することはできない）であるとして，2.2 の鋼製アーチ橋の試解析を経て，この仮説の有効性を検証していくこととした．これに基づき，本書で式（2.3）を使用する際には，式（2.5）の有効剛性マトリックス[Ke]ではなく，接線剛性マトリックス[Kt]を用いている．

2.3.2 保存力と非保存力

これに関連して，座屈固有方程式（2.3）が本来，保存力を対象としている点について述べておく．ツィーグラー（Ziegler）は，構造物に作用する外力を「その外力による仕事が作用点の最初と最後の位置座標だけに依存するならばその力は保存的であり，この条件を満足しない力は非保存的である」と分類している[3),24)]．別の言い方をすれば，時々刻々大きさや方向が変化していく荷重，すなわち非定常荷重は非保存力で，定常荷重は保存力である．一般的には保存力による静的不安定がダイバージェンス，非保存力による動的不安定がフラッターと呼ばれる[3)]．

これらの意味合いでは，地震動は保存的な外力とはいえない．そうであれば，地震時座屈は現象としてはダイバージェンス（発散）的だが，原因となる荷重の観点からは，どのように分類すべきなのかという疑問が生じる．これについては以下のように考える．

2.3.1 に示した，直接積分法における，十分に細かい積分時間間隔（Δt 秒）が設定され，単一の積分時間の範囲ではほぼ線形的に推移するとみなせる（少ない反復回数で収束する）という前提は，地震動を微小時間ごとの増分地震荷重に分割して取り扱うための条件であり，個々の時刻ステップの増分地震荷重は，その瞬間の Δt 秒の時間内において保存力とみなせると本書では解釈している．逆にいえば，時刻ステップごとの増分地震荷重を保存力とみなせるが故に，2.3.1 で示したような増分応答を逐次累積していく直接積分法が成立すると考える．したがって，式（2.3）を直接積分法による動的解析中に使用することは，保存力を対象にするという本来のこの式の適用範囲を逸脱するものではなく，動的解析中のごく微小な時間ごとに静的不安定状態に陥るかどうかを繰り返しチェックすることに相当している．

他方，ボロチン（Bolotin）は「外力が非保存的であると，不安定のタイプは一意的でなくなる．（中略）．静的不安定が起こるかも知れないし，動的不安定が起こるかも知れない」と

述べている[25)].

　本書では，動的座屈を動的挙動中の静的不安定（ダイバージェンス）と位置づけ，このタイプの構造不安定は瞬間の状態が条件を満たしていれば発生するものであり，地震動を微小時間の保存力に分割して，個々の微小時間領域ごとに独立した評価が可能であると考えた．しかしながら地震動全体は非保存的外力である．瞬間の状態によって発生するダイバージェンスとは別に，ある程度の事象の連続性と継続時間を有する動的外力の特徴（周期特性等）と，構造物側の振動特性との関係によっては，動的挙動中の動的不安定（フラッター）が発生する可能性も併せて存在している．本書ではボロチンの言をその様に解釈している．

2.3.3　修正ラグランジェ定式化と幾何剛性マトリックス
(1) 変形と応力の影響を反映する定式化

　物体の運動を記述する場合，変形後の座標系を参照して記述されるオイラー（Euler）定式化と変形前の座標系を参照して記述されるラグランジェ（Lagrange）定式化の2通りの方法がある．有限変形理論では，変形前後の座標系が異なるため変形後の状態を用いることはできず，ラグランジェ定式化に基づく変形前の座標系を参照した諸量を用いる必要がある．さらに架構形状の変化とともに個々の部材のローカル座標系を瞬間の変位場に合わせるように更新し，常に前解析 STEP の平衡状態を参照座標系とする処理を組み込んだものが修正ラグランジェ定式化である[8),10)]．表 2.1 に示した通り，本書で用いる解析プログラムではこの手法を採用している．

　例えば，3次元はり要素（図 2.10）の部材座標系更新は，図 2.11 に示すような現在の変位場に部材軸を合わせる3方向の回転移動である．図中の α，β 回転および，γ 回転の座標変換マトリックスをそれぞれ式 (2.7)，式 (2.8) に示す．

　修正ラグランジェ定式化では，この逐次の部材座標系更新により応力に関係するひずみは微小ひずみとなり，有限変形の効果は初期応力がなす仮想仕事方程式によって導かれる幾何剛性を剛性マトリックスに加算することで考慮される．

　例えば，3次元はり要素の幾何剛性マトリックスは，式(2.9)のような，瞬間の存在断面力（ここでは影響が大きい軸力）をパラメータとした形となる[7),8)]．このような幾何剛性マトリックスの係数が剛性マトリックスに加算されることで，部材に張力や圧縮力が発生することによって架構としての変形性能や振動特性（固有周期等）が変化するという，一般的な微小変形仮定の解析では表現できない現象や状態のシミュレートが可能になる．

　微小変形仮定とは，上記のような変形や応力（または断面力）状態の影響はごく小さいの

で考慮不要と判断できるということであるが，本書で取り扱う構造不安定問題はこれに該当しない．変形と応力のいずれか一方の影響が支配的な局面はあるが，通常は両者同時に考慮する必要がある．変形が進行するたびに各部材座標系と全体座標系の関係を更新する必要があるし，幾何剛性マトリックスは応力状態に変化が起きるたびに書き換えねばならない．すなわち，塑性化の有無に関わらず，全部材・全解析ステップで剛性マトリックスを更新する必要があるから，幾何学的非線形を考慮すると計算負荷は大きくならざるを得ない．

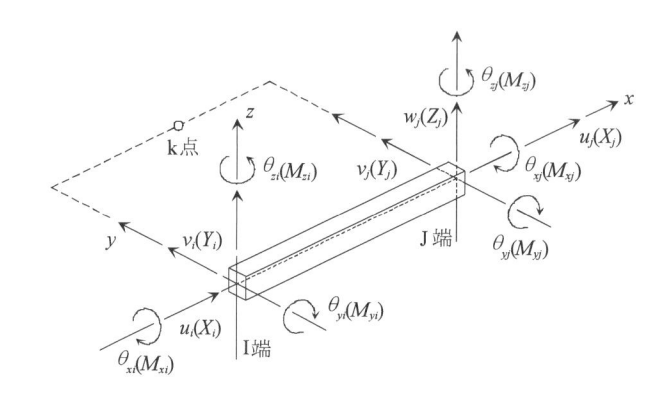

図 2.10　3次元はり要素と部材座標系

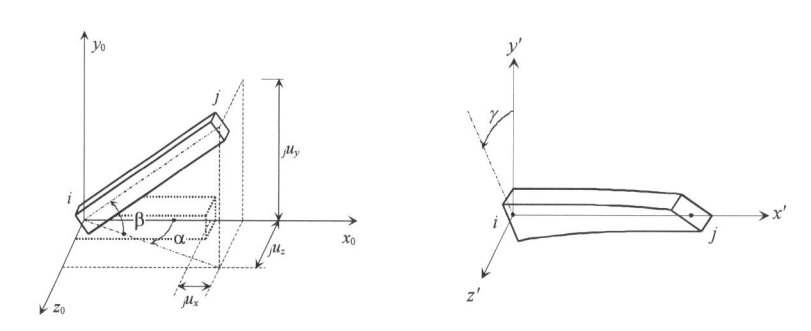

元の状態から変位後の場に部材座標系を合わせるための座標系の回転移動

STEP1
ローカル X 軸を部材軸に乗せる α，β 回転

STEP2
ローカル Y 軸を材端の平均ねじれ回転角に合わせる γ 回転

図 2.11　はり要素の部材（ローカル）座標系の更新

$$[R^d] = \begin{bmatrix} \cos(\alpha)\cos(\beta) & \sin(\beta) & \sin(\alpha)\cos(\beta) \\ -\cos(\alpha)\sin(\beta) & \cos(\beta) & -\sin(\alpha)\sin(\beta) \\ -\sin(\alpha) & 0 & \cos(\alpha) \end{bmatrix} \quad (2.7)$$

$$[R^a] = \begin{bmatrix} 1 & 0 & 0 \\ 0 & \cos(\gamma) & \sin(\gamma) \\ 0 & -\sin(\gamma) & \cos(\gamma) \end{bmatrix} \quad (2.8)$$

$$\begin{Bmatrix} f_{ix} \\ f_{iy} \\ f_{iz} \\ m_{iy} \\ m_{iz} \\ f_{jx} \\ f_{jy} \\ f_{jz} \\ m_{jy} \\ m_{jz} \end{Bmatrix} = \frac{F_x}{L} \begin{bmatrix} 0 & 0 & 0 & 0 & 0 & 0 & 0 & 0 & 0 & 0 \\ & \frac{6}{5} & 0 & 0 & \frac{L}{10} & 0 & -\frac{6}{5} & 0 & 0 & \frac{L}{10} \\ & & \frac{6}{5} & \frac{L}{10} & 0 & 0 & 0 & -\frac{6}{5} & \frac{L}{10} & 0 \\ & & & \frac{2}{15}L^2 & 0 & 0 & 0 & -\frac{L}{10} & -\frac{L^2}{30} & 0 \\ & & & & \frac{2}{15}L^2 & 0 & -\frac{L}{10} & 0 & 0 & -\frac{L^2}{30} \\ & & & & & 0 & 0 & 0 & 0 & 0 \\ & & & & & & \frac{6}{5} & 0 & 0 & -\frac{L}{10} \\ & & & & & & & \frac{6}{5} & -\frac{L}{10} & 0 \\ & & sym. & & & & & & \frac{2}{15}L^2 & 0 \\ & & & & & & & & & \frac{2}{15}L^2 \end{bmatrix} \begin{Bmatrix} u_{ix} \\ u_{iy} \\ u_{iz} \\ \theta_{iy} \\ \theta_{iz} \\ u_{jx} \\ u_{jy} \\ u_{jz} \\ \theta_{jy} \\ \theta_{jz} \end{Bmatrix} \quad (2.9)$$

ここで，F_x：部材の存在軸力，L：部材長．ともに解析中変化する．
式 (2.3) の ΔK_g をアセンブルする際は，F_x を Δt 秒ごとの増分軸力とする．

このような幾何学的非線形の考慮とは別に，材料的非線形の考慮は一般的な微小変形仮定の解析時と同様に，個々の要素ごとに材料的な剛性の変化点（降伏応力等）に達した時点で発生し，これによっても全体の剛性マトリックスの書き換えが発生する．この両者のプロセスを同時に含む解析が複合非線形解析である．

(2) 幾何学的非線形性を伴う現象

構造不安定が懸念される構造物では，座屈のような甚大な現象が発生する以前から，別の形で幾何学的非線形性の影響が現れることが多い．例えば，1章で例示した支間長250mのコンクリート製アーチ橋では，表2.2に示す通り，常時荷重が作用した状態の固有周期が，幾何剛性考慮の場合と非考慮の場合で5～10%程度異なっている（同様の傾向を示している他のアーチ橋の例もある[26]）．橋梁の固有周期を評価する場合，この差は一般的に無視し得

る範囲ではないだろう．常時荷重の作用によって，アーチリブや鉛直部材に圧縮軸力が発生していることの影響がこのような形で確認できる．幾何学的非線形が考慮されない微小変形仮定の解析では，部材にどのような大きさの圧縮軸力が発生しても，あるいは仮に軸力0か引張状態であったとしても，材料剛性マトリックスと質量マトリックスによる固有値解析で求まる1次固有周期は2.060秒と不変である．

表2.2 幾何剛性考慮／非考慮 固有値解析の比較

支間長:250m ライズ:50m	橋軸方向1次	橋軸直角方向1次
固有モード図		
幾何剛性考慮 固有周期(秒)	2.211	1.752
幾何剛性非考慮 固有周期(秒)	2.060	1.734

このほか斜張橋や吊橋などでは，ケーブルへの初期導入張力で固有周期や初期剛性が変化する効果を架構の成立条件の中に意識的に取り入れている．建築のガラスファサードの支持架構などで，張力が導入されなければ安定系を形成し得ないケーブル構造が採用されているケースもある[27)～30)]．

以上は，常時状態など，大きな変形や部材の塑性化が発生していない状態においても，主に存在応力が架構の性能に少なからぬ影響を及ぼしている例である．幾何学的非線形問題に分類される現象としては，それら応力・断面力（幾何剛性）の影響が支配的なものの他に，ハイライズ構造におけるP-Δ効果[31)]のように変形の影響が支配的な現象もある．

これらの一方で座屈は，構造内に蓄積された内部エネルギーが急激な大変形を伴って放出される現象であるから，まずは外力に対し大きな変形を起こさずに内力が増大することが前提となるが，最終的にはきっかけとなる変形を得て発生するという，他の現象と比較して，応力状態と変形状態の両者がより微妙なバランスで絡む現象である．

座屈は，さらに部材の塑性化が相まって発生すると，相互に影響を及ぼし合って挙動の複雑さが増してくる．幾何学的非線形性と材料非線形性（塑性化）のどちらが先に顕著に現れ出すかは一概には言えないし，一方の発生が他方のトリガーとなることもあれば，逆に一方の発生によって他方の発生条件が満たされなくなることもある．したがって，これらの現象が懸念される場合は，線形化有限変形理論のような簡易手法ではなく，時々刻々剛性マトリックスと座標系の更新が行われ，瞬間の状態が適確に評価される，修正ラグランジェ定式化などによる複合非線形解析が必要となる（ただし，前述したように十分ではない）．1.3.4 で簡易手法の有効性を「座屈に至らない範囲であれば」と述べたのはこのためである．

2.3.4 サブスペース法と逆反復法

サブスペース法と逆反復法はいずれも固有値解析手法である．目的は同じながら，それぞれいくつかの異なる特徴を有するため，問題別に使い分けられている．

サブスペース法は，固有値の内，大きい方また小さい方から順に必要次数分の固有値と対応する固有モードを，よい収束性で（短い演算時間で）求めることができる．近接固有値，重複固有値が存在しても解法上支障がない．数十次以上の固有周期と固有振動モードを必要とすることがある橋梁の耐震性能照査ではよく使用される手法である．

これに対し，逆反復法は，絶対値で最小の固有値から順に求める手法で，本書では座屈固有値解析の手法として使用している．

1次座屈固有値は最近傍の $\det([K_g]+[K_m])=0$ 成立点までの解析ステップの増分事象に対する倍率で，これには正の場合も負の場合もある．しかし先の座屈固有値の時刻歴図（図2.7）では正の値しかプロットしていない．負の座屈固有値は最近傍の座屈点に接近しつつあるのではなく，遠ざかりつつあることを示しているためである．座屈固有値の正負の意味合いと評価上の取り扱い方については，この後 4.3.5 で改めて詳細に述べる．

2.4 2章のまとめ

本章では以下のことを述べた．
(1) 構造物の動的不安定判定と判定点への接近を定量的に評価するための指標として，既往の研究で使用されていた，複合非線形動的解析中に時々刻々求める振動固有値および標準固有値を候補に挙げた．
(2) また，本書独自に増分形式の座屈固有値を定量評価指標の候補に加えた．これは直接

積分法の個々の積分時間間隔において座屈固有値解析を実施して得られる指標である．現象の見逃しが低減でき，数値が座屈点までの余裕の大きさを示している点で，先の２つの固有値にはない有利な特徴がある．

(3) 評価すべき動的不安定状態を「振動性状が急激に変化する危険性が高いポイント」と定めた．これは必ずしも運動方程式の解がない状態ではない．これ以後，先の３種類の固有値がこの状態への接近や現象発生を定量的に的確に示すことができるか否かを検証していく．

(4) 一般的な橋梁の耐震性能照査用の解析モデルで，各固有値が複合非線形動的解析中にどのように変化するものであるのかを観察した．３固有値の時刻歴波形とも，もっとも危険に近づいたと思われる時刻（入力波形のピーク付近）に，固有値の低下が見られた．

(5) 振動固有値および標準固有値は危険に近づいてから急激に数値が低下する点などで似た傾向が見られたのに対し，座屈固有値は段階的に危険に近づく様相を示した．瞬間のポイントを評価しているか，増分時間幅を評価しているかの差が固有値の変化の様子に現れた．

3．実験による検証

　動的構造不安定の評価指標候補（前章の3種類の固有値）は，その有効性を数値解析のみで明瞭に示すことは難しい．このため，実際に動的構造不安定を実験で発生させて現象を観察すると共に，3種類の固有値解析を含む複合非線形動的解析によって現象のトレースを試みることとした．実験は「動的座屈」のほか，それとは異なるメカニズムで急激に振動性状が変化する「パラメトリック励振」というフラッター現象も対象とした．

3.1　動的座屈実験とトレース解析

3.1.1　動的座屈実験仕様の概要 [32),33)]

　図3.1に動的座屈実験に用いた供試体の一般図を示す．主要部材にアルミ材を用いた（詳細な使用材料は表3.1参照）高さ2023.5mm，幅が223.0mmの供試体である．鉛直材は上端から下端まで通し材とし，斜材，水平材の両端をすべて呼び径5mmのボルト接合とした．

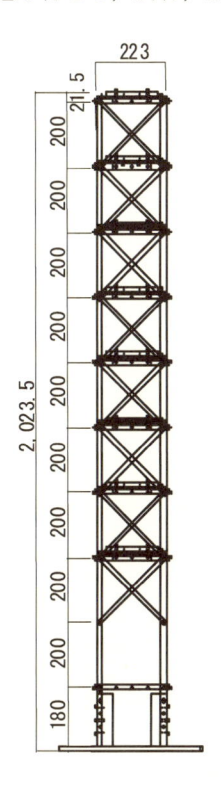

図 3.1　実験供試体一般図（単位 mm）　　写真 3.1　振動台に設置された実験供試体

鉛直材に軸引張力と軸圧縮力が交番に発生し，かつ柱としての細長比が大きくなり座屈（水平横方向へのはらみ出し）が生じ易くなるよう，供試体の1層目の高さを他の2倍とし，1層目の斜材はその上半分のみに配置した．

また，供試体の振れ防止のためと基部応答軸力を増加させるために鋼製の水平プレートを層ごとに設置し，その上に錘を置いた．水平プレートは角切りをした8角形で4辺を水平材にボルト接合した．水平プレートと錘を含む供試体の総重量は846Nである．

以上のような供試体を，基部の鋼製治具を介して振動台上にボルトで固定した(写真3.1)．

供試体に使用したアルミ材の材料試験（引張）結果を図3.2に示す．3個の試験片よる結果から，ヤング率は6.46×10^4 N/mm^{2}であること，ひずみ2500μ程度までは弾性挙動を示すことを確認した．

表3.1　供試体の使用材料

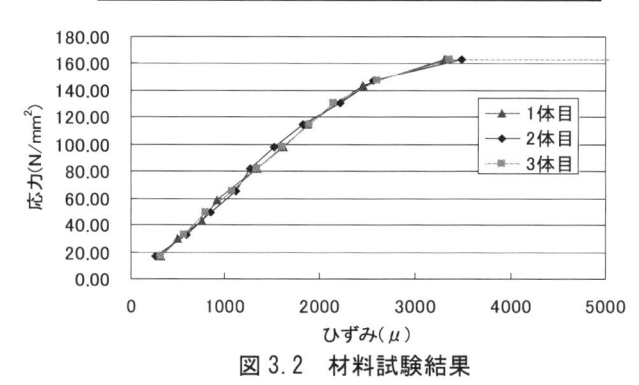

	材料	断面形状	部材寸法 (mm)
鉛直材	アルミ	等辺山形	1×19×1967.5
水平材	アルミ	矩形	5×15×215
斜材	アルミ	矩形	2×15×297.8
水平プレート	鋼	8角形	6×120×217
錘	鋼	矩形	28×155×155
ボルト	鋼	-	M5
ボルト（治具固定用）	鋼	-	M20

図3.2　材料試験結果

加速度計は加振方向（図3.3のX方向）に頂部から1パネル置きに基部まで計5個，加振直角方向（同Y方向）は供試体頂部にのみ1個を全て水平プレート上に設置した．鉛直材番号，ひずみゲージの貼付位置と記号を図3.3に示す．ひずみゲージは基部2層の斜材16本の表裏に1枚ずつ計32枚と，4本の鉛直材（1本につき4枚）に計16枚を貼った．ひずみの計測には動ひずみ計を用い，時間間隔0.002秒で計測した．

図3.4に振動台に入力した波形を示す．15秒で約0.5Gに達する3Hzの単調増幅波を使用している．波形入力方向は水平1方向（図3.3のX方向）である．

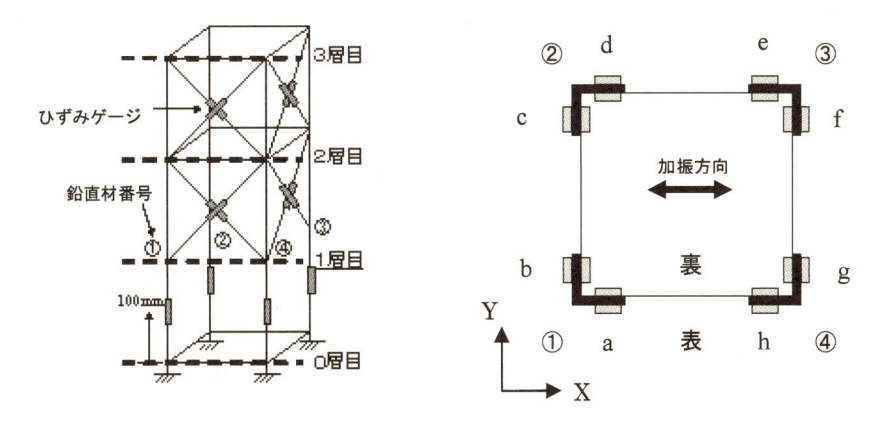

図3.3　ひずみゲージ貼付位置と加振方向

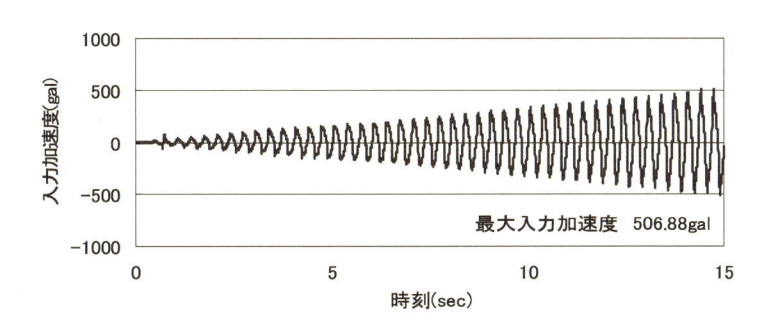

図3.4　入力加速度波形

3.1.2　実験結果

　供試体は入力加速度の増大に伴い水平変位が増大し，全体としては横揺れを呈するが，図3.5，図3.6に示すように鉛直材の軸方向ひずみは正の値と負の値が交互に出現し，これが柱①と柱④で逆位相となっていることから，鉛直材が軸力部材となっていることが分かる．

　鉛直材①の加振方向と平行なフランジの表裏に貼られた2枚のひずみゲージ（図3.3のa）におけるひずみの時刻歴を加振後9秒から15秒に関して描くと図3.7を得る．加振後約12秒で表裏の2枚のひずみゲージに差が生じ始めており，鉛直材に加振直角方向の曲げが生じていることがわかる．この時刻から振動性状が急変しているが，鉛直材に発生した軸方向ひずみは降伏ひずみ 2500μ を大きく下回っており，材料塑性化に伴う現象ではないと判断できるから，これを動的座屈の発生と解釈した．写真3.2は加振後約12秒後における供試体の変形状態であるが，1層目における鉛直材のはらみ出しが観察できる．この現象が出始めても直ちに構造物としての崩壊に至らないのは，加振が繰り返され揺り戻されるためである．さらに入力加速度振幅を増加させると，はらみ出し量も増大し，鉛直材①の斜材取り付け点の上方約5cmの位置でフランジの屈曲が発生し（写真3.3），崩壊に至った．

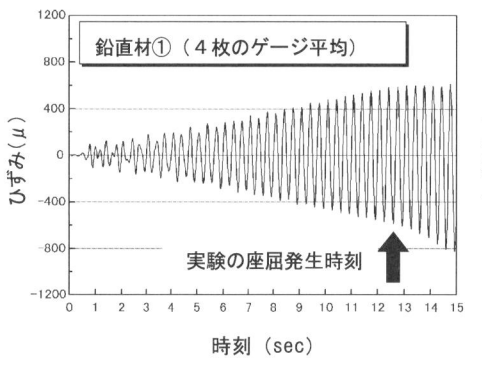

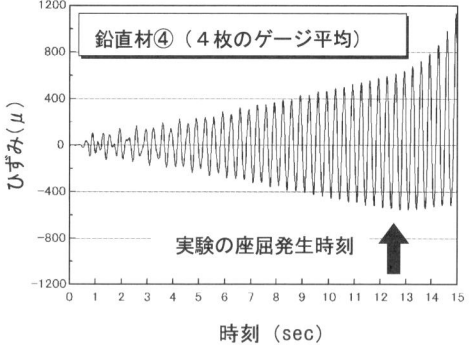

図 3.5　鉛直材①軸方向ひずみ（実験）　　　図 3.6　鉛直材④軸方向ひずみ（実験）

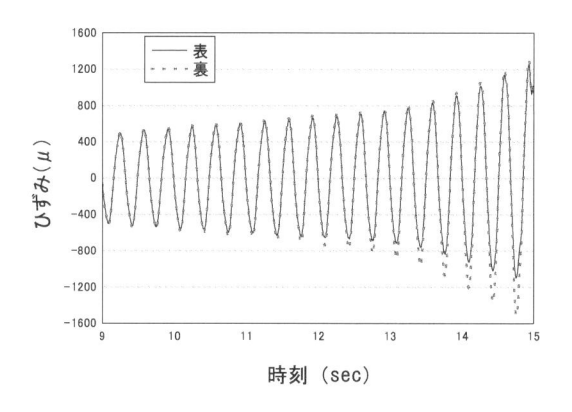

図 3.7　鉛直材①の軸方向 a ゲージのひずみ（実験）

12.4 秒　　　　　　　　　　　　　13.0 秒

写真 3.2　はらみ出し　　　　　　写真 3.3　局部破壊

写真 3.4 倒壊した供試体

　目視観察によっても，12 秒以降に振動面外（加振直角方向＝Y 方向）への振動が現れ出すことが確認されており，最終的には写真 3.4 のように捩れを含んだ倒壊形状となっている．

3.1.3 トレース解析
(1) 複合非線形動的解析のみの場合
　以上の振動台上の現象を，次のような動的解析でトレースを試みた．
1) 3 次元骨組モデルによる複合非線形動的解析．鉛直材は通し材であるので各層節点部で剛結されているが，水平材および斜材の材端接合条件はピンとした．
2) 死荷重載荷の後，実験と同様の加速度波を基部に入力．
3) ニューマーク β 法（$\beta=0.25$）による直接積分法．積分時間間隔 $\Delta t=0.001$ 秒．
4) 各部材の減衰定数を 2% とし，レーリー型減衰を用いた．

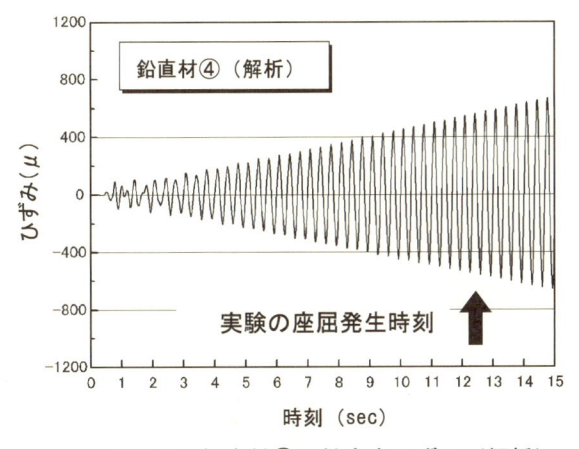

図 3.8 鉛直材①の軸方向ひずみ（解析）

図 3.8 に動的解析結果のうち，鉛直材①の軸方向ひずみの時刻歴を示す．この軸方向ひずみは入力加速度と同様に単調増加するのみで，実験の時刻歴（図 3.5）とは 12 秒まではよく一致しているが，それ以降に実験で見られた変調が現れていない．複合非線形動的解析のみでは座屈点の存在（不安定状態・現象とも）を見逃していることが分かる．

(2) 各種固有値の変化[3]

では，計算上は 12 秒過ぎに全く何の変化も生じていないのだろうか？

このことを別の観点から確認するため，先の複合非線形時刻歴応答解析に 2 章で述べた 3 種類の固有値解析を全時刻ステップ（0.001 秒間隔）に挿入し再計算を行った．それ以外の解析条件は変更していないから，動的解析の応答自体が変化することはない．

再計算によって得られた各固有値の時刻歴を図 3.9 から図 3.12 に示す．いずれの固有値も，実験における座屈発生時刻（危険時刻）付近で動きが見られ，解析上の振動性状に目立った変化は見られなくとも，状態に変化があったことを示している．3 種類の固有値の内，式(2.3)による座屈固有値 λ_b は，入力動の増幅に伴う段階的な座屈点への接近を示し，危険時刻付近で明瞭な座屈判定基準値（$0 \leqq \lambda_b \leqq 1$；図 3.11，図 3.12）を示している．そのほかの 2 つの固有値は危険時刻に至って急激な変動が見られるが，それゆえ予兆が掴みにくく，また座屈判定基準値（$\omega^2 \leqq 0$，$\lambda_s \leqq 0$；図 3.9，図 3.10）を明瞭に示すことはなかった．

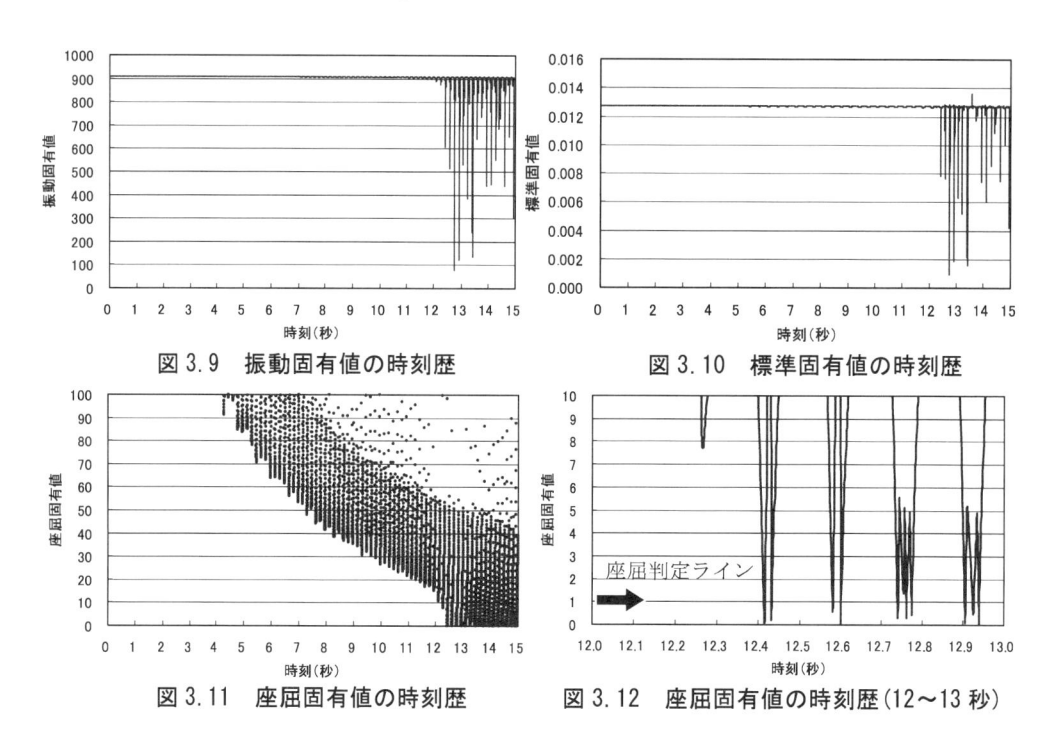

図 3.9 振動固有値の時刻歴

図 3.10 標準固有値の時刻歴

図 3.11 座屈固有値の時刻歴

図 3.12 座屈固有値の時刻歴（12〜13 秒）

(3) 座屈モード

図 3.13 は座屈点における座屈固有値解析で得られた座屈モードである．写真 3.2，写真 3.3，写真 3.4 との整合性が見られる，振動方向（X 方向）と振動面外方向（Y 方向）成分の両方が含まれるモードである．X 方向成分より Y 方向成分の方が大きいといえる．2 軸対称性を持つ解析モデルに，単方向（X 方向）加振しているにも関わらず，Y 方向に不均等なモードとなっているが，2 次の座屈固有値は 1 次とほぼ同じ値で，2 次の座屈モードは Y 方向について 1 次モードと対称形になっているので，1 次と 2 次を合わせると，Y 方向に関する「どちらに振れて倒れてもおかしくない」という意味合いの対称性は見せている．

実験供試体を設計した際にイメージしていたのは，振動方向へ倒壊するような座屈であったが，提案手法は振動面外に倒れるように座屈するという，予め想定しにくい座屈の傾向を検知している．一方の動的解析上の振動性状には，座屈点以降も X 方向への振幅が増幅する以外は何ら変化が現れていない．動的解析と座屈固有値解析に現象に対する感度差が見受けられる．このことから，複合非線形動的解析のみによる検証よりも座屈固有値解析を挿入した解析の方が危険な状態の見逃しが低減されると言える．

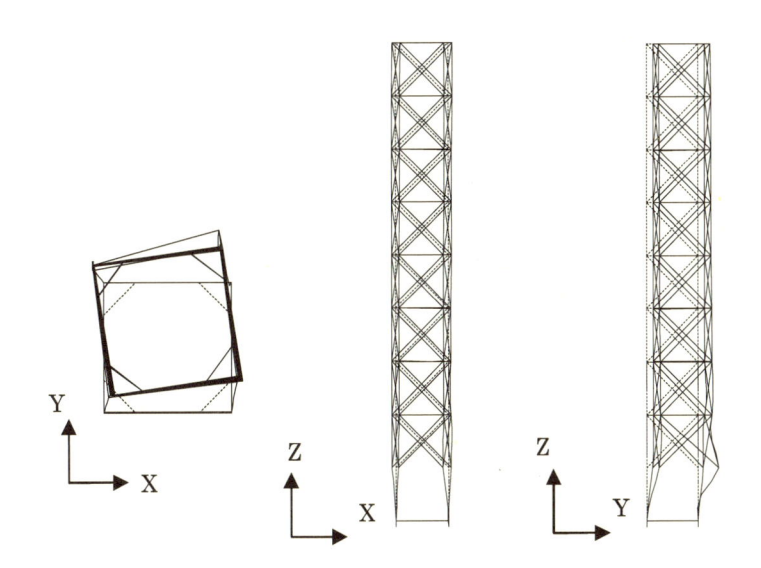

図 3.13 初座屈判定点の座屈固有値解析による座屈モード

3.1.4 動的座屈の定量評価に関する考察

3 種類の固有値に期待したのは，構造不安定状態の判定とその状態への接近度の定量的示唆である．この実験とトレース解析によって，動的座屈の評価指標として式(2.3)による座屈固有値の有効性が確認された．座屈固有値は実験で発生した座屈現象を定量的に示すこと

ができ，さらにその状態に段階的に近づいていく様子を示すことができた．また座屈点における座屈モードは実験における座屈後の現象傾向とよく整合していた．

他方，振動および標準固有値は，危険時刻に到達してから急激に変化するため，予兆を掴むには難点が見られ，かつ終始明白な座屈判定を示さなかった．特に座屈点に至る前の危険性を評価しにくい点は、本書のねらいからはネガティブに捉えざるを得ない．

標準固有値を指標とした場合の，この座屈点前の危険性を察知する上で不利な特徴は，2章の鋼製中路式アーチ橋の試解析（図2.6）でも見られた．この他，既往研究の中で示されている，ファイバーモデルを用いたコンクリート製長大アーチ橋の動的解析[4),5)]中に求められた標準固有値の時刻歴図にも，危険時刻に至って急激に低下する様子が見られる．

また，ここでは振動固有値に標準固有値とほぼ同様の変化傾向が見られた．振動固有値は剛性マトリックスと質量マトリックスの固有値解析の結果であり，標準固有値は剛性マトリックスと単位マトリックスの固有値解析の結果であって，質量がほぼ均等に分布し，質量マトリックスの対角項に同値が多く並ぶ解析モデルでは，標準固有値と振動固有値の時刻歴図がほぼ相似形となることは自明である．ここで用いた実験供試体モデルの質量分布は一部均等ではない箇所があるが，この程度の不均等さならば傾向はほぼ同様となると理解できる．

より質量が偏在している実橋モデルSM160を使用した2章の試解析では，継続時間全体で見ると標準固有値と異なる形状の振動固有値の時刻歴図（図2.5）が得られていたが，危険時刻付近で急激に低下する特徴については，この場合も両固有値共通であった．

以上，ここでは座屈判定と座屈判定前の余裕に着目し考察を行った．座屈固有値で実験とほぼ同時刻に座屈点を捉えることができ，座屈モードも実現象を捉えていたが，この結果が動的解析に反映されたわけではないので，動的解析上の座屈後の応答（図3.8等）は実現象と乖離したままである．解析による座屈後の動的挙動追跡については，5.2で述べる．

3.2 パラメトリック励振実験とトレース解析 [34),35)]

3.2.1 パラメトリック励振と橋梁

パラメトリック励振についてはここまで特に述べてはこなかったが，一般的には，直線部材が軸方向に動的な変動荷重を受ける際，その加振が特定の振動数帯に及ぶと，軸方向振動ではなく横たわみ振動が増大し始める現象として知られるフラッター現象である[2),3),36)]．座屈とは異なるメカニズムで，振動性状が急激に変化する現象といえる．橋梁における現象としては，斜張橋のケーブルに部分挙動として発生する事例[37)]が示されている他，阪神大震災時のピルツ橋倒壊に全体挙動として関与した可能性を指摘する研究[38)]もある．

3.2.2 実験仕様

パラメトリック励振を実際に発生させるための実験供試体として，長方形断面を有する鋼製単柱を用い，下端を固定し上端をヒンジとするモデルA，両端をヒンジとするモデルBの2つのモデルで実験を行った．モデルA, Bの概観を図3.14，供試体の諸元を表3.2に示す．

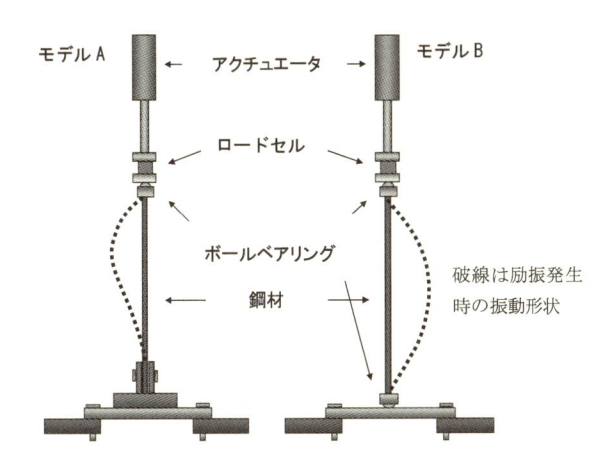

図3.14 パラメトリック励振用実験供試体

表3.2 供試体諸元

		モデルA	モデルB
両端の支持条件		固定×ヒンジ	ヒンジ×ヒンジ
鋼材寸法(mm)		4.5×38×1400	
ボールベアリング高さ(mm)		40	
固有振動数(Hz)(軸力:0)	実験	7.14	5.37
	解析		

表3.3 モデルAの実験ケース

ケース	軸力振幅(kN)	座屈荷重に対する倍率	加振振動数(Hz)	目標不安定領域
1	0.10	0.35	10.00	主
2			5.00	副
3	0.15	0.50	9.28	主
4			4.64	副
5	0.20	0.65	8.66	主
6			4.33	副
7	0.25	0.85	6.47	主
8			3.24	副

表3.4 モデルBの実験ケース

ケース	軸力振幅(kN)	座屈荷重に対する倍率	加振振動数(Hz)	目標不安定領域
1	0.06	0.1	14.31	主
2			7.16	副
3	0.2	0.3	13.45	主
4			6.73	副
5	0.3	0.5	12.20	主
6			6.10	副
7	0.4	0.7	11.17	主
8			5.58	副
9	0.5	0.85	10.07	主
10			5.04	副

これらの供試体に対し，アクチュエータを用いて30秒間のスウィープ波（振幅固定で振動数が時間経過とともに線形的に増加する波）による動的な軸方向荷重を作用させた．

パラメトリック励振現象は，与える軸力の振動数と供試体の横たわみ1次モードの固有振動数の比がほぼ2:1と1:1のときに発生するとされ，それぞれ主不安定領域，副不安定領域と呼ばれる（図3.15）．供試体の1次固有振動数は作用軸力によって変化する．実際に加振して励振が発生した時点の卓越振動数を確認（試行加振）しながら，30秒間のスウィープ波の中に両不安定領域が含まれるよう，軸力振幅に応じてスウィープ波の振動数変動幅を調整した．このようにして決定したモデルAの実験ケース仕様を表3.3に，モデルBの実験ケース仕様を表3.4に示す．

3.2.3 実験結果

実験結果の中から，典型的なパラメトリック励振の出現パターンとして，モデルAの軸力振幅0.4kNの場合の供試体中央部の横たわみ変位を図3.15に示す．6秒および25秒前後の2箇所で，パラメトリック励振による横たわみ振動が増大しているのが分かる．前者は軸力の振動数では4.5～6Hzに当たる副不安定領域，後者は10～12Hzに当たる主不安定領域である．

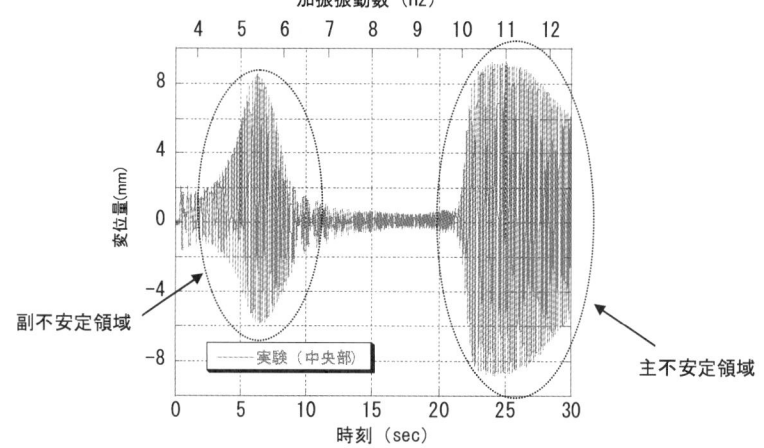

図3.15　供試体中央部の横たわみ変位（実験：モデルA，軸力振幅0.4kN）

3.2.4 トレース解析

(1) 実験結果に現れた励振と実験の対比

以上のような現象に対し，次のような動的解析でトレースを試みた．

1) 3次元1本棒モデル（40分割）による幾何学的非線形を考慮した時刻歴応答解析．鋼材両端条件を考慮して，モデルAの固定部，モデルBのヒンジ部には回転バネを用いた．
2) 実測に基づいた初期不整を与え，実験同様に加振した．
3) ニューマークβ法（β=0.25）による直接積分法．Δt=0.0002秒．

4) 各部材の減衰定数を 2%とし，レーリー型減衰を用いた．

　図 3.16 にモデル A，軸力振幅 0.4kN の場合の動的解析によって得られた供試体中央部の横たわみ変位の時刻歴を示す．この中にも実験とほぼ同様の 2 つの時間帯（振動数帯）で励振現象が見られる．

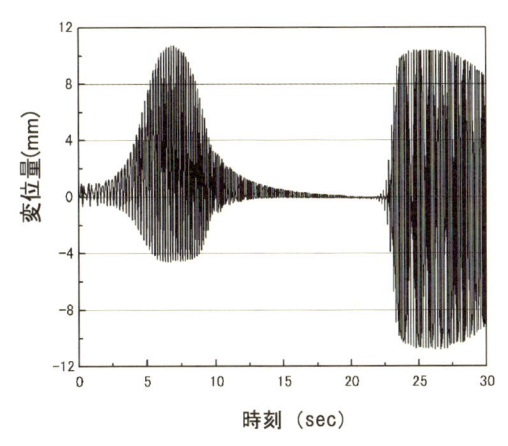

図 3.16　供試体中央部の横たわみ変位　（解析：モデル A，軸力振幅 0.4kN ケース）

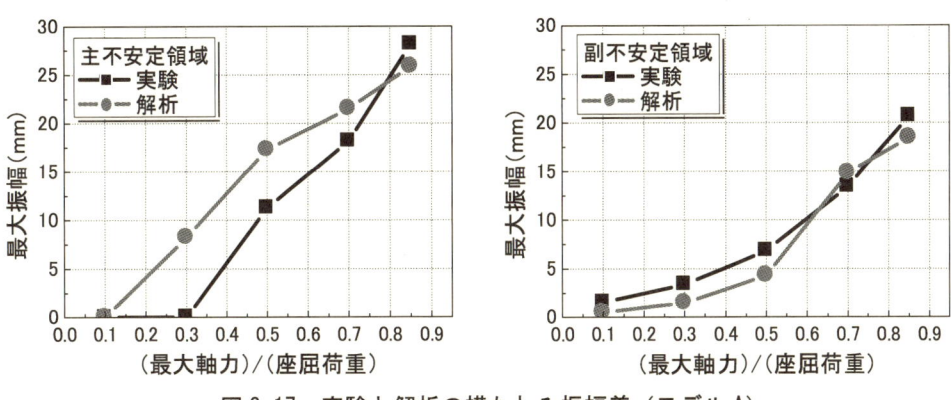

図 3.17　実験と解析の横たわみ振幅差（モデル A）

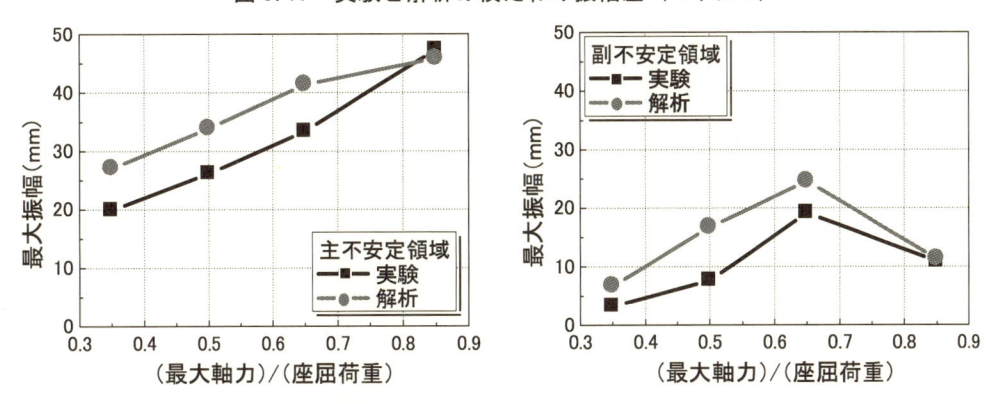

図 3.18　実験と解析の横たわみ振幅差（モデル B）

このケースでは実験（図3.15）と解析（図3.16）結果の間には変位振幅の差が見られるが，モデルBも含めた全ケース比較（図3.17，図3.18）から，入力される軸力振幅が大きいほど，また片側支点条件が剛であるモデルAの方が，両者の差が小さいことが分かる．解析で現象を発生させることができたとはいえ，支点での回転が自由で，作用軸力振幅が小さい条件では，解析精度の確保が難しい場合があるということである．

(2) 各種固有値の変化[21]

励振現象は応答解析結果の中に現れており，見逃されてはいないが，前述の3種類の固有値解析を0.01秒間間隔で挿入して再計算を行い，これらから通常の応答解析結果とは異なる情報を得ることができるかを検証した．再計算によって得られたモデルAの軸力振幅0.4kNの場合（実験は図3.15，動的解析結果は図3.16）の各固有値の時刻歴を図3.19から図3.21に示す．

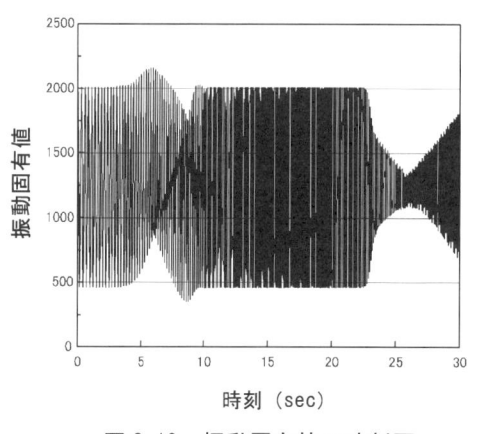

図3.19　振動固有値の時刻歴

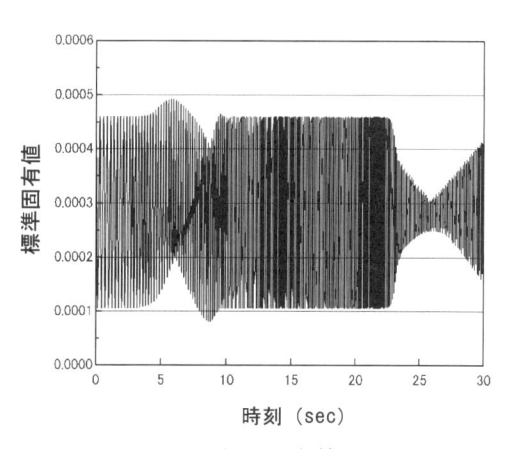

図3.20　標準固有値の時刻歴

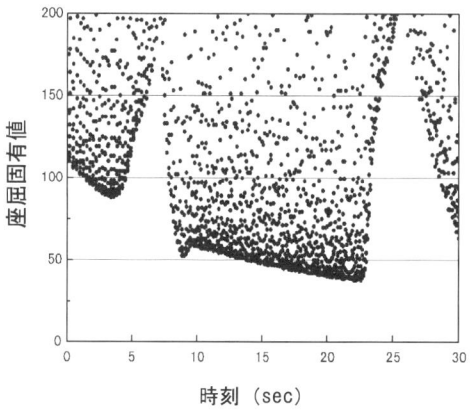

図3.21　座屈固有値の時刻歴

座屈固有値は終始 1.0 を下回っておらず，振動・標準固有値も零以下になっていない．したがって，いずれも数値指標として励振の発生を定量的に示唆しているとは言えない．地震時座屈とパラメトリック励振はどちらも急激に振動性状が変化する現象ではあるが，異質の発生メカニズムによるものであり，同一指標による評価は難しいことが示された．

3.2.5　励振中の固有値の変化に関する考察

いずれの固有値も，パラメトリック励振発生の評価指標としては有効性が確認されなかったが，各々の時刻歴変化は現象と密接に関連している．この点は以下のように考察できる．

励振中，座屈固有値は増加し，振動固有値と標準固有値の変動幅は小さくなっている．3.1でこれらの固有値は座屈判定に近づく危険時刻に数値が減少，あるいは変動幅が大きくなることが確認されている．励振中の横たわみ振動は座屈しかかっているかのようにも見えるが，たわむことによって軸力の変化が緩和され，実際には座屈の危険性から遠ざかっていることが分かる．座屈が部材軸方向に蓄積された内部エネルギーの放出により部材直角方向にはらみ出す現象であるのに対し，この励振で見られる横たわみは基本的に外力による曲げ変形であると言える．

また，主・副の不安定領域以外の時間帯において，振動，標準の固有値はおおむね一定振幅であるのに対し，座屈固有値プロット点の下側は徐々に低下している（図 3.21）．これは加振力（スウィープ波）の振幅が一定であっても，加振力の振動数増加に伴い，Δt 秒間の部材軸力の増分（あるいは軸ひずみ速度）が大きくなるにしたがって，徐々に座屈の危険性が高まっていることを示している．

この後 5.1 で詳細に述べるが，増分形式の座屈固有値は単純に座屈点の近さを示しているのではなく，座屈点への接近の度合いと接近する勢いを併せて考慮した危険性の大小を示す性質を持っている．これは例えば，「近傍に座屈点があっても近づく様子が鈍いなら，さほど危険ではない」，あるいは「現瞬間は座屈点までやや余裕のある状態でも，座屈点への接近が急速なら危険」といった評価である．図 3.21 は励振していない時間帯で後者の意味合いの危険性が徐々に高まっていることを示している．他の 2 種類の固有値は，このような励振領域以外での座屈危険性の変化は示していない．

3.3　3章のまとめ

本章では以下のことを述べた．
(1)　地震時の座屈に着目し，アルミ製供試体と振動台を用いた動的実験により現象を発生

させ，柱部材の歪みや映像データを採取した．加振中に鉛直部材の材料的な降伏歪みに至る以前に急激に振動性状に変化が生じたので，これを動的座屈発生と解釈した．

(2) 複合非線形動的解析により座屈実験のトレースを試みたが，実験の動的座屈発生時刻まではよく一致するものの，座屈に相当する現象は動的解析結果の中に確認できなかった．

(3) 座屈現象のトレースを試みた動的解析中に，振動，標準，座屈の3種類の固有値解析を時々刻々挿入し各固有値の時刻歴変化を確認した．各固有値とも実験の座屈発生時刻付近に変調が見られ，それぞれ現象に対してある程度の感度を持つことが確認された．

(4) これらの固有値の中でも座屈固有値には，座屈点への接近と座屈判定の定量的示唆の両観点から有効性が確認された．座屈判定時刻はほぼ実験を再現することができ，座屈モードも座屈後現象を捉えていた．他の2種類の固有値は明確な座屈判定の定量示唆がなく，座屈前に危険な状態に段階的に近づく様子も捉えにくかった．

(5) パラメトリック励振という座屈とは異なるフラッター現象に着目し，アクチュエータを用いた動的載荷実験によって実現象として発生させ，横たわみ変位量や映像データ等を採取した．

(6) 複合非線形動的解析により実験現象のトレースを試みた結果，パラメトリック励振現象が動的応答結果中に現れた．動的座屈のような解析上の現象看過はなかったが，励振時の横たわみの振幅には，加振力が比較的小さく部材両端の回転拘束がない状態では，解析と実現象の乖離が大きくなる傾向が見られた．

(7) パラメトリック励振実験のトレースを試みた動的解析中に，振動，標準，座屈の3種類の固有値解析を時々刻々挿入し各固有値の時刻歴変化を確認した．励振現象に呼応した変化が見られ，励振現象と座屈現象との関連についての示唆はあったが，各固有値とも励振発生の危険性を示す指標としての有効性は確認されなかった．

4．増分形式座屈固有値解析による地震時座屈照査手法

　ここまでの解析と実験を交えた検討を踏まえ，本章では，地震時の構造不安定が懸念される構造物の，耐震性能照査時の解析手法に関する提案を行う．

4.1　ここまでの整理

　提案に先立ち，当初のねらいと，前章までの検討で得た知見の重要ポイントをあらためて記すと，以下のようである．
(1) 地震時の不安定が懸念される構造物は地震時挙動が複雑なものが多いため，動的解析は照査手法の大前提である．さらに計算負荷の大きい複合非線形解析も前提となるため，通常の耐震性能照査解析と比較して大幅に手順が増えない検討手法が望まれる．
(2) 複合非線形動的解析のみで不安定照査を行う際に問題となるのは，不安定現象が現れないときの余裕の大きさが確認できない点と，不安定な状態や現象を見逃す可能性がある点である．余裕の大きさを示す定量評価指標があれば，これらを解決できる．
(3) その指標として，時々刻々の振動固有値，標準固有値，座屈固有値に着目し，実橋梁モデルや実験供試体モデルを用い，動的挙動中のこれらの数値の変化を確認したが，現象としての動的座屈と指標としての座屈固有値の組み合わせに有効性が確認された．
(4) 動的座屈と励振現象は異質の不安定現象であることが改めて認識された．
(5) 本書で動的座屈と呼んでいるのは，運動方程式の解が存在しない数学的な動的不安定状態ではなく，振動性状が急激に変化する恐れがある構造安全上安定とは言い難い状態であり，かつ共振や励振現象とも異なる「動的挙動中の静的不安定状態」である．ここまでの解析および実験的検証によって，動的解析中の $\det([K_m]+[K_g])=0$ 成立チェックが，この状態を判定する上で有効であることが明らかになった．

4.2　増分形式座屈固有値解析による地震時座屈照査手法

　これらを踏まえ，本書では以下の地震時座屈照査手法を提案する．
(1) 提案の対象を，構造全体系あるいは複数部材による部分系の動的座屈点の判定と，そこに至る以前の危険度評価に限定する．
(2) 解析モデルは通常の耐震性能照査に用いるものと同レベルのものを基本とし，できるだけ座屈照査のみ分離した解析を行うのではなく，一般の耐震性能照査と同時に複合

非線形動的解析によって行う．

(3) 複合非線形動的解析中に一定時間間隔で式(2.3)による座屈固有値解析を各増分時間領域に挿入し，その瞬間の座屈点判定基準を $0.0 \leqq \lambda_b \leqq 1.0$ とする．

$$([_pK_m]+[_pK_g]+\lambda_b[\Delta K_g])\{u\} = \{0\} \qquad (2.3 \text{ 再掲})$$

ここで，

$[_pK_m]$：前 STEP 平衡点の材料剛性マトリックス，

$[_pK_g]$：前 STEP 平衡点の幾何剛性マトリックス，

$[\Delta K_g]$：現 STEP の初期増分応力による幾何剛性の増分係数，

λ_b：座屈固有値，

$\{u\}$：座屈モードベクトル．

(4) 動的解析終了まで座屈判定が出なかった場合は，地震動継続時間中最小の座屈固有値を当該地震動入力時の座屈に対する性能指標として用いる．

4.3 提案手法運用上の留意点

前節は提案の骨子である．実際の利用に当たっては，その他にいくつかの前提条件の認識や実用上の工夫が必要となるので，それらを以下に記す．

4.3.1 部材・部分系・全体系の座屈 [39]

提案手法は図 4.1 のような系の座屈に着目した手法である．つまり，複数要素で構成される構造系がいかなる形状の座屈に陥る可能性があるかを探査するものである．図 4.1A のような全体系座屈モードのほか，図 4.1B のような，複数部材に及ぶ座屈形状ではあるが，全体から見れば局所的な部分系座屈モードの場合がある．

提案手法では，節点で分割されていない単一要素の中間が部材軸直角方向にはらみ出すような座屈は表現し得ないから，このような部材レベルの座屈も提案手法で照査する場合は，実際には通し部材や単一部材であっても，中間節点を設けて複数要素に分割（単一部材を複数要素系で構成）する必要がある．逆に座屈拘束ブレースを設置した場合など，中間節点を設けない（単一部材レベルでは座屈させない）ことが適切なモデル化となることもある．節点の配置や部材の分割は構造条件や検討目的などから適切に判断する必要がある．

従来，個々の部材レベルの座屈は，オイラー座屈を考慮した部材の軸耐力を設定して，最

大圧縮軸力がこの軸耐力を越えていないことを確認するか，その軸耐力に達した時点で（座屈現象を材料非線形で模して）軸剛性が低下するように設定しておくといった形で考慮されてきた．しかし，系の座屈は個々の部材レベルで耐力に達する以前にも以後にも発生する可能性があることに留意すべきである．

一般的な耐震照査用の解析モデルと同程度の節点分割の解析モデルを使用し，なおかつ系の座屈と共に部材レベルの座屈まで照査する場合は，軸力部材については中間節点を設けず，1.3.1に述べたことに留意して提案手法と従来手法を併用することも有効であろう．

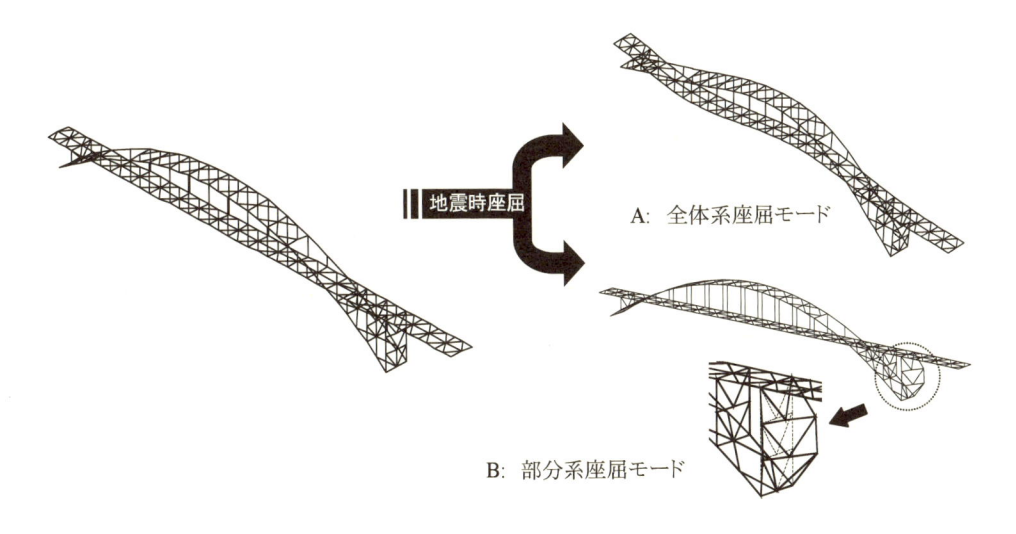

図 4.1　系の座屈

4.3.2　座屈固有値解析の挿入時間間隔と計算時間 [40],[41]

静的な座屈解析では，座屈判定が出るまで荷重倍率を増加させて押し込み，座屈が発生する荷重が設計荷重より十分大きいことを座屈点荷重倍率により確認する．しかし，提案した動的座屈照査手法は座屈判定が出るまで地震動を増幅させるのではなく，想定した地震動入力時の座屈点までの余裕を定量的に示すことに着目している．式(2.3)による時々刻々の座屈固有値が段階的に座屈点に近づく様子をよく表すことは，3章の動的座屈実験との対比で確認している．最後まで座屈判定が出ない場合でも，危険に近づいた時間帯の性状や，最小座屈固有値とその時点で接近していた座屈モードなどの情報を得るため，一定時間間隔で求めた座屈固有値を時刻歴で確認する必要がある（図4.2）．

しかし，動的解析の全解析ステップに固有値解析を挿入することは，計算時間の増大を招き手法の運用性を損なう恐れがある．このため，座屈固有値解析の挿入時間帯と時間間隔を，動的解析の継続時間と積分時間間隔（Δt）とは異なる設定にできるようにしておくことが

望ましい．これにより，一度やや粗い間隔で全時間帯の座屈固有値の変化状況を認識して，危険時間帯（全地震動継続時間内で比較的小さい座屈固有値が集中して現れる時間帯：図4.2参照）をおおむね絞り込み，その後，危険時間帯のみ，より細かい時間間隔で正確な座屈固有値を得るために再計算するといった手順が可能になる．

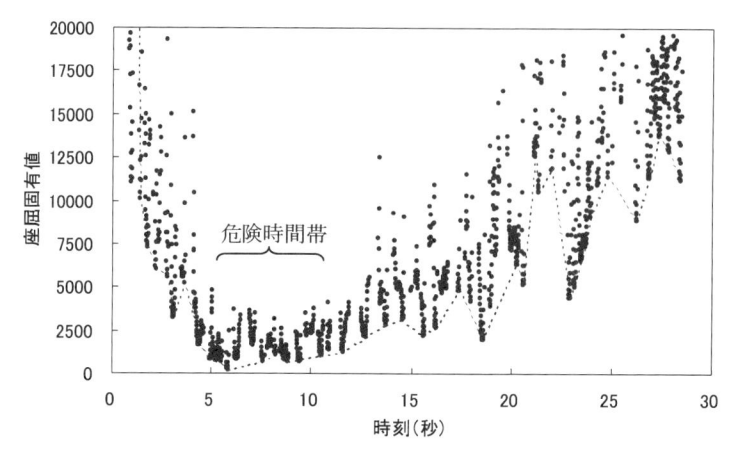

図4.2　座屈固有値時刻歴と下側包絡線（破線）

参考に記すと，一般的なパーソナル・コンピューターでは，2章で示した鋼製アーチ橋解析モデルSM160を用いたΔt=0.001秒，30秒継続の動的複合非線形解析に，0.01秒間隔で座屈固有値解析を挿入したときの計算時間は，挿入しない場合の1.8倍程度であった．

なお，座屈固有値は全計算ステップで求めた値を出力しておく必要があるが，データ量が多い座屈モードベクトルは，最小座屈固有値発生時または座屈判定が出た時点のモードベクトルのみを出力させればよい．

4.3.3　座屈固有値の評価と比較時の留意点

提案手法が提供する座屈固有値は，評価指標としての一般性が高いとはいえない．「この地震波を用いた動的解析をΔt=***秒で行ったときの」という但し書き付きで参照しなければならない数値だからである．つまり座屈固有値は構造物自体の特性の他，Δtや入力地震動特性にも依存するので，同じ但し書き付きの数値でなければ単純比較はできない．

座屈固有値は動的解析の各ステップの増分事象に対する倍率であるから，同一の解析モデルと地震動を用いた動的解析であっても，Δtを変えると同時刻の値は変化する．したがって複数ケースの動的解析を行い，各々の座屈固有値を比較する際には，Δtを揃えることが基本である．やむを得ずΔtが異なる動的解析で得られた複数の座屈固有値を比較する場合

は，補正が必要となる．

　例として，積分時間間隔以外全て同条件で，Δt=0.001 秒と Δt=0.0001 秒の 2 ケースの動的解析を実施する場合を想定する．時刻刻みの影響を受けず，理想的に両ケースが同じ応答を示すならば，解析上の同時刻には同じ座屈発生の危険性を有しているはずである．しかし両ケースの同時刻の座屈固有値は，同じ座屈状態までの Δt 秒間の増分事象に対する倍率であるから，Δt=0.0001 秒のケースでは Δt=0.001 秒のケースの約 10 倍の数値となる．Δt が 1/10 で，その間の増分量も均等に約 1/10 とすれば，同じ状態に到達するための倍率は約 10 倍となるからである．この数値の違いは座屈危険性ではなく，単に Δt の違いによるものである．このことから，Δt=0.001 秒と Δt=0.0001 秒の動的解析で得られる座屈固有値によって危険度を比較する際は，後者を 1/10 に補正した数値と前者の数値を比較する（または前者の数値を 10 倍に補正した数値と後者の数値を比較する）必要があることが分かる．ただし，複合非線形動的解析自体が時刻刻みの影響を受けやすい場合は，このような補正が難しくなる．基本はあくまでも Δt を揃えた比較である．

　また，入力地震動が変われば，その他の解析条件や解析モデルが全て同じでも加速度や変位などの応答結果が異なるように，座屈固有値も変化する．複数ケースの動的解析によって得られる最小座屈固有値を比較することが前提であれば，（入力地震動の違いによる座屈の危険性の変化を検証する場合を除き）地震動は同じものを使用する必要がある．

　本書内で示す橋梁の動的解析例は，実験トレース解析を除き，章によらず Δt と入力地震動をできる限り揃えて単純比較できるようにしたので，上記 2 点の注意を促す機会を失しているが，重要な留意事項である．

　最小座屈固有値により性能を比較（相対評価）する場合には以上を留意すればよいが，今後，最小座屈固有値から余裕の十分性を絶対評価する段階となれば，Δt や入力地震動への依存性を平滑化し，座屈固有値を評価指標として一般化する（但し書きを不要にする）必要がある．Δt 依存性の平滑化は，標準 Δt を設定しておき，やむを得ずこれに合わせられない場合は，先程のような補正を行うことが考えられる．また地震動依存性については，動的解析を耐震設計に用いる場合，例えば道路橋設計ではタイプ 1・タイプ 2 各々 3 種類の地震波による応答結果の平均値を求めているが，これに相当する手順が有効と考える．

　なお，本書ではこれ以降，以上の留意点を踏まえた上で比較可能な複数の座屈固有値の時刻歴を同一図上に並べて示す際は，座屈固有値の下側包絡線（図 4.2 内の破線）を用いる．座屈固有値時刻歴図の比較的上方にプロットされた点（大きい固有値）は，十分余裕があることを示す以外には重要な意味を持たない．通常重要なのは「座屈固有値がどこまで低下したか」であるから，プロット点群の下側を包絡した線のみで重要情報は十分確認可能である．

4.3.4 座屈固有値解析と動的解析の関係

前節で動的解析の Δt によって座屈固有値の値が変化することは述べたが，同じ解析プロセス内に存在する座屈固有値解析と動的解析の関係について補足する．

動的解析が主プロセスで，繰り返しの座屈固有値解析はサブプロセスという位置付けであるので，座屈固有値解析の挿入によって動的解析側の応答には一切影響を与えないことが基本仕様である．提案手法が提供するのは状態の不安定判定であって，現象の発生判定ではないから，判定が出た場合に動的解析と座屈固有値解析の両者が示す現象は常に整合するとは限らない．この後5章，6章では整合例をいくつか示しているが，3章の動的座屈実験のトレース解析のように，座屈点を座屈固有値によって捉えていながら，動的解析の応答上には相当する現象が現れない場合もある．この点についてはこの後5.2で改めて取り上げる．

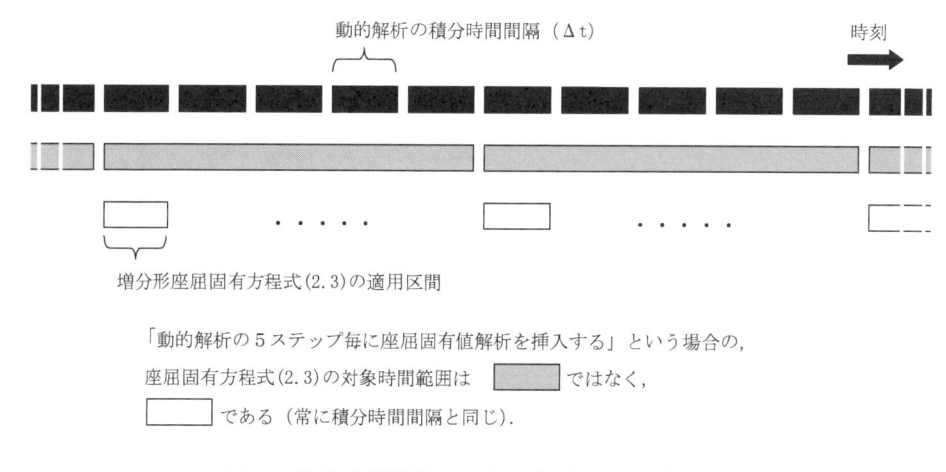

図 4.3 積分時間間隔と座屈固有値方程式適用時間

また，動的解析の Δt と座屈固有値解析の挿入時間間隔が異なる場合でも，図4.3に示す通り，式(2.3)が適用されるステップ区間は必ず動的解析の Δt によって刻まれる区間であるから，座屈固有値解析の挿入時間間隔が変化しても，ある瞬間の座屈固有値は変化しない．座屈固有値解析の挿入時間間隔は，動的応答にも座屈固有値の大きさにも影響を与えないから，検討時には計算時間の調整（4.3.2に述べた）などの必要性に応じて柔軟に変更できる．

4.3.5 座屈固有値の正負について [40],[41]

座屈固有方程式(2.3)を用いた場合の座屈判定は，$0.0 \leq \lambda_b \leq 1.0$ である．座屈固有値 λ_b が1.0より大きい場合は，数値が大きいほど座屈まで余裕があるといえる．

ところで，2.3.4で述べたように座屈固有方程式の解法に逆反復法[42]を使用しているが，

これは絶対値で最小の固有値から求めていく手法であるので，時々刻々計算する中ではλ_bが負となる場合もある．座屈固有値λ_bは正負に関わらず座屈点までのΔt秒間の増分事象に対する倍率であることに変わりない．つまり逆反復法の適用は，接近しつつあるか（λ_bが正），遠ざかりつつあるか（λ_bが負）に関わらず，その瞬間，最も近傍にある座屈点を探査していることに相当する．

　動的解析中は，構造物の応答の増加に伴ってあるモードの座屈点に接近し，座屈に至らない場合は応答の減少に伴ってその座屈点から離れ始め，やがてまた別のモードの座屈点に接近するという事象の繰り返しが起こる．このため正負の座屈固有値が周期的に出現することになる．しかし負の場合は，絶対値が小さくとも（座屈点が比較的近傍にあっても）その座屈点から離れつつあるのだから危険視する必要はなく，通常チェックが必要なのは正の固有値のみである．

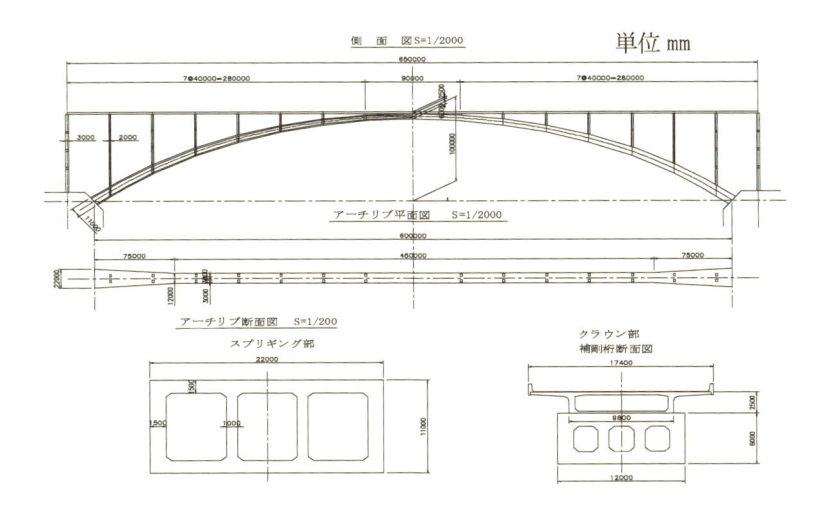

図4.4　コンクリート製上路式アーチ橋（支間長600m）

アーチ支間：600m
アーチライズ：100m

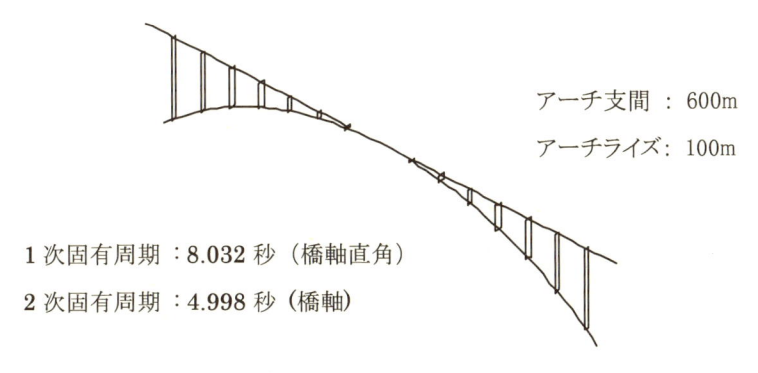

1次固有周期：8.032秒（橋軸直角）
2次固有周期：4.998秒（橋軸）

図4.5　コンクリート製上路式アーチ橋モデル（CU600）

この点は 2.3.4 ですでに簡単に述べており，ここまで座屈固有値の時刻歴図を示す場合は正側のみを示してきたが，この座屈固有値の正負の変化について，図 4.4，図 4.5 に示したようなアーチ支間長 600m のコンクリートアーチ橋[4),5)]の解析モデル（CU600）への適用を通じて，ここで具体的に確認を行う．

この CU600 に，道路橋設計で用いられるレベル 2 地震動タイプ II の標準波形 II-1-1（最大加速度 812gal，図 2.3 中段）を橋軸方向に入力する動的解析を下記の条件で実施した．

(1) 座屈固有値解析を含む動的複合非線形解析
(2) 動的解析はニューマーク β 法（β=1/4），積分時間間隔 Δt=0.001 秒
(3) 座屈固有値解析の挿入時間間隔は 0.01 秒
(4) コンクリート部材の減衰定数は 3% としてレーリー型減衰を用い，減衰マトリックスは解析中更新しない．
(5) アーチリブ部材に M-ϕ 関と M-N 相関曲線規定による変動軸力を考慮した部材非線形性を設定．履歴則は武田型．桁・鉛直部材は弾性とした．

この解析による座屈固有値 λ_b の時刻歴を，正負とも示したものが図 4.6 である．時刻 8.178 秒で正側の最小座屈固有値 2627.7 が発生している．これは 1.0 より大きい値であるから座屈判定には至っていないと判定できる．動的解析上の現象としても不安定挙動は確認されていない．このように座屈には至らなかったが，最小座屈固有値と同時に得られた図 4.7 の座屈モードから，最も危険性が高まった時刻に接近していたのは補剛桁の局部的な座屈（部分系座屈）であったことが分かる．

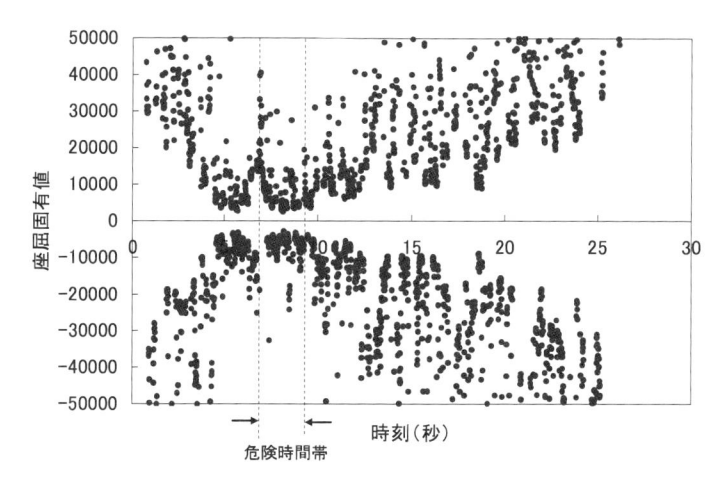

図 4.6　座屈固有値時刻歴（CU600 橋軸方向加震時）

図 4.7 最小固有値発生時座屈モード（CU600 橋軸方向加震時）

　図 4.6 より危険時間帯を 7〜9 秒と判断し，この時間帯のみ 0.001 秒間隔で求めた λ_b の時刻歴を図 4.8 上段に示す．最小座屈固有値の発生時刻は図 4.8 内では T_2 である．図 4.7 の座屈モードと関連が深いと考えられる，補剛桁上の節点 A（図 4.8 下に示す位置）の鉛直方向変位，および桁部材 B の軸力の各応答波形を図 4.8 中 2 段に示した．図 4.7 のような座屈が発生し易くなる条件は，この位置の桁部材に大きな圧縮軸力が発生しながら，きっかけとなる鉛直変位が発生することである．動的応答と座屈固有値の変化の関係を図 4.8 内の時刻 $T_1 \sim T_3$ 付近で詳細に見ることができる．

　桁部材に軸圧縮力が発生しつつ下向き鉛直変位が増大し始めると，座屈固有値が正に転じてすぐに低下し始める（T_1 付近）．軸圧縮力と鉛直変位が共に増加する間は座屈固有値の低下が急激である．その後，鉛直変位は増加し続けるものの圧縮軸力は最大値をマークして低下し始め，これに伴い座屈固有値の低下も停滞し，最小値をマークして増加に転じている（T_2 付近）．桁部材の軸力が引張り（負）に転じる辺りから座屈固有値が負となって，それまで接近していた座屈点から離れ始め，引張軸力のピークを超え軸力増分が圧縮側に向いた時点で，新たな近傍座屈点を検出し，座屈固有値が再び正値となっている（T_3 付近）．

　以上のように，座屈固有値の変化と動的応答は密接に関連している．本例題では局所的な部分系座屈モードであったため，単一箇所の応答で座屈固有値の変化との関連を述べることができたが，構造物内の広域の応答が複合的に関連して変化している場合もあろう．

　負の座屈固有値は，この例題解析でも確認された通り，近傍座屈点から離れる方向の，危険視する必要がない局面を示すものである．また，図 4.6 から固有値の時刻歴図全体もほぼ正負対称的になることが確認されたことから，全時間帯の傾向を見る上でも正側の情報のみで十分であると分かる．

　なお，前述したように本書以前から，座屈固有値ではなく，式（2.1）による振動固有値や式（2.2）による標準固有値を動的不安定の指標としている研究[3],[18],[20]などがあるが，これら 2 つの固有値は負となった状態が不安定を表しており，固有値の正負が示す危険性の意味合いが座屈固有値と異なる．多くの既往研究では，指標としていずれか 1 種類の固有値しか用いていないため，「負の固有値を検出した時点で不安定とみなす」などのように，固有値

の種別を区別した表記をしていない．指標として用いている固有値が，いかなる固有方程式によって得られたものであるのか，またその正負の意味をよく認識して参照する必要がある．

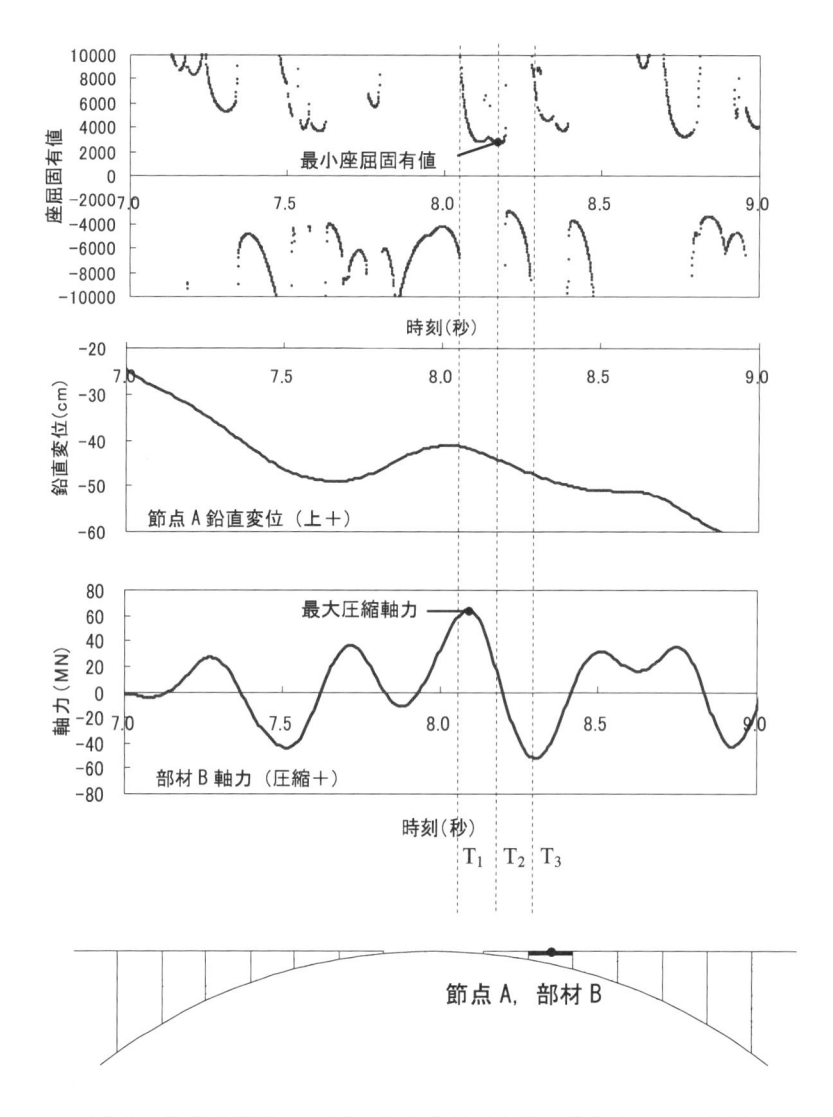

図4.8 危険時間帯の座屈固有値時刻歴と桁の動的応答との関連
（CU600 橋軸方向加震時）

4.3.6 座屈固有方程式に用いる剛性マトリックスについて

2章で，構造安全性の観点から確認すべき動的座屈とは，「動的挙動中の静的不安定である」とした．また，これに基づき（2.3.1で述べた通り），式(2.3)の座屈固有方程式に適用する剛性マトリックスは式(2.4)の[Ke]（運動方程式を連立1次方程式問題に変換した後の

4.4　4章のまとめ

有効接線剛性マトリックス）ではなく[Kt]（接線剛性マトリックス）を採用し，[Kt]のデタミナント値が零となるポイントを探査することとした．

この点を検証する目的で，4.3.5 と同じ CU600 を用いた動的解析に，式(2.3)に[Ke]を当てはめたときの座屈固有値の時刻歴を参考として図4.9に示す．ほぼ図 4.6 の正側と同傾向ながら，最小座屈固有値は 2.334×10^6 との結果を得ており，[Kt]を使用した場合の座屈固有値と比べ非常に大きな数値となっている．懸念された通り性能の過大評価になる恐れがあることが分かる．

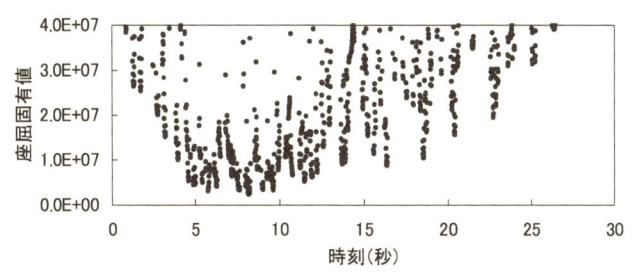

図4.9　有効剛性マトリックスを使用した際の座屈固有値

4.3.7　座屈判定が出ない場合・出た場合の対処

提案手法を用いた動的解析の終了まで座屈判定が出なかった場合は，地震動の継続時間中最小の座屈固有値を当該地震動入力時の座屈に対する性能指標として用いる．これによって，最小座屈固有値 λ_b＝100.0 の場合と 50.0 の場合では，前者の方がより座屈までの余裕が大きいという相対評価は明瞭に定量化することができる．しかしながら，最小座屈固有値 λ_b＝100.0 が単独で示された場合に，これが十分な余裕を保持した状態といえるのかを評価する手順など，座屈していない状態の評価方法についてはさらに検討を要する．

他方，動的挙動中に座屈判定が出た場合は，その座屈が甚大な現象を伴うことが明らかであれば回避検討に移るが，現象の影響の大きさが不明確な場合は，対策検討のための情報として，座屈後の動的挙動シミュレーションが必要になる場合がある．したがって，座屈後に着目した解析手法を整理しておくことは提案手法を有効活用する上で重要と考える．

以上の座屈前，座屈後の状態評価については，次章で改めて詳細に述べる．

4.4　4章のまとめ

本章では以下のことを述べた．
(1)　構造物の地震時座屈に対する照査手法として，動的複合非線形解析中に時々刻々と増

分形式の座屈固有値解析を挿入し，得られた座屈固有値の時刻歴や最小値を確認する手法を提案した．座屈判定基準は$0.0 \leqq \lambda_b \leqq 1.0$である．この手法は座屈判定のみならず，判定に至る前の危険度評価にも有用なデータを提供できる．

(2) この提案に付随して，系の座屈と個々の部材レベルの座屈の関係や，座屈固有値を性能指標として比較や判断に用いる際の，現段階での留意事項などについて述べた．また試解析での経験を踏まえた運用上の工夫も示し，提案の補強を行った．

(3) 座屈固有値の正負の意味合いについて解説し，コンクリートアーチ橋の例題解析を通じて，負の固有値は危険点から遠ざかりつつあることを示しており，通常は正の座屈固有値がどこまで小さくなるかをチェックすればよいことを示した．

5. 座屈前後の状態評価

　本章では，提案手法を用いた座屈前の余裕評価と座屈後挙動のシミュレーション手法について述べる．座屈判定に至っていない状態の余裕評価は本書の重要テーマであり，このための定量情報が提供可能なことは提案手法の特徴の一つである．また，提案手法で座屈判定を得た場合には，その対策を考える上で，座屈点における固有値情報の他に，座屈後の動的挙動シミュレーションが必要となる場合がある．

5.1　座屈していない状態の余裕評価 [43]

　提案手法から得られる座屈固有値は，座屈判定のみならず座屈判定前の状態における余裕の大小をも示している．この特徴を地震時座屈の余裕評価に有効活用する方法を考察するため，複合非線形動的解析上に座屈現象が発生するまで地震動を増幅させる手法による余裕評価と，座屈固有値を用いた提案手法による余裕評価との対比を示す．

　なお，現象から座屈判定する前者の手法は，現象を伴わない不安定状態は検知できない点で，本書で言うところの不安定照査手法としては本来十分ではない．しかしここでは，使用する解析モデルSM160が地震動増幅により座屈現象が解析上に発生したこと，また，それ以前に現象を伴わない不安定状態にならないことをあらかじめ確認した上で，提案手法との比較対象とした．

5.1.1　余裕を示す指標

　余裕と一括りに述べてきたが，上記の2つの評価手法によって示される動的座屈判定までの余裕は同義ではないので，この点を整理しておきたい．

　提案手法を用いずに，複合非線形動的解析の応答結果から定性的に座屈発生を判定しようとして，該当する現象が認められなかった場合，その余裕は現象が発生するまで想定入力地震動を増幅させることにより確認せざるを得ない [19]．静的問題において，「想定荷重の何倍まで安定が保てるのか」という観点で座屈点荷重倍率（地震荷重に対しては座屈震度）を指標とするのと同様に，座屈が発生する地震動増幅率が1.0より大きいほど，その地震動に対して余裕があるといえる．

　静的問題における座屈点荷重倍率は，座屈するまで押し切る1回の増分解析で得ることが可能であるのに対し，動的問題では複数回の解析によって座屈が発生する地震動増幅率を絞り込んでいく作業が必要となる．以後，この動的解析を繰り返す絞込み作業によって得られ

る，座屈が発生する最小地震動増幅率のことを「臨界増幅率」と呼ぶ．

他方，式(2.3)による瞬間の座屈固有値 λ_b は，Δt 秒間に発生した増分事象に対する座屈点までの倍率であるから，臨界増幅率と意味合いは異なるが，これも 1.0 より大きいほど座屈判定まで余裕があるといえる．座屈固有値の時刻歴は 3 章の実験トレース解析では，漸増する入力加速度に対し段階的に座屈点に迫る様子をよく示していた．

ただし，1.0 より大きい座屈固有値が単に座屈点への接近度を示しているのではない点は留意が必要である．座屈点に近づいていても瞬間の増分量(接近する勢い)が小さい場合と，座屈点からより離れていても増分量が大きい場合とでは，後者の座屈固有値の方が 1.0 に近い，すなわち「より危険」と示されることもあり得る（図 5.1）．座屈固有値の大小によって示されるのは，座屈点への接近の度合いと，そこに近づく方向で構造内に発生している瞬間の増分事象の大きさとの相関関係を考慮した，動的座屈発生の危険性の大小である．

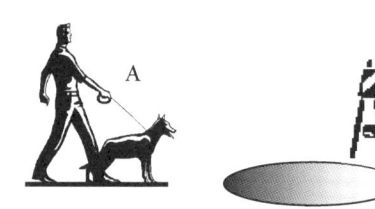

危険点に近いのは A だが，勢いよく接近している B の方が危険かも知れない

図 5.1 座屈固有値で示される危険性

なお，式(2.1)による振動固有値と式(2.2)による標準固有値は，危険点に至って急激に変化する特徴（図 3.9，図 3.10 等）から，座屈前の余裕評価には向かないことを 3 章で確認しているので，ここでは比較対象に含めなかった．

5.1.2 余裕評価解析

地震時座屈発生点までの余裕評価手法を検討するにあたり，再度，2 章で用いた鋼製中路式アーチ橋の耐震性能照査用解析モデル SM160（図 2.3）と JMA 神戸入力地震動（図 2.4）を用いる．この橋梁の実際の耐震設計では，図 2.4 の地震動に地域係数 0.85 を乗じた条件で耐震性能照査が行なわれている[22]から，これを基本ケースと呼ぶことにする．耐震性能照査済の橋梁であり，その際に地震時座屈の発生は確認されていないが，これがどの程度の余裕を有してのことであるかを，5.1.1 で述べた入力地震動の臨界増幅率と，4 章で提案した最小座屈固有値を指標とする 2 手法で確認し，両指標の関係や，提案手法の適切な利用方法を考察していく．

解析は直接積分法（ニューマーク β 法, β=1/4）による積分時間間隔 Δt=0.001 秒の動的複合非線形解析である．各鋼部材の減衰定数は 1％として，レーリー減衰を用いた．減衰マトリックスは解析中更新しない．解析モデル中アーチリブ部材に M-φ 関係と M-N 相関曲線規定による変動軸力を考慮した部材非線形性を設定し，履歴則は標準型バイリニアとした．桁・鉛直部材は弾性とした．死荷重載荷の後，図 2.4 の 3 方向地震動を同時に与えた．

(1) 複合非線形解析のみによる余裕評価

はじめに，提案手法を用いない場合の動的座屈発生までの余裕の確認手順を示す．基本ケース（増幅率 0.85）では既に耐震性能照査が行なわれており，急激な大変形現象などが確認されることなく各耐震性照査項目をクリアしている[22]．したがって図 5.2 に示した基本ケースの最大応答変位分布図は，座屈が発生していない地震応答時の橋梁各部分の変形プロポーションと認識できる．

この後，座屈発生の臨界増幅率を複数回の動的解析で絞り込んでいくが，提案手法は用いない前提であるから，座屈発生は応答性状から定性的に判断しなければならない．このため今後の各ケースの解析後に，まず各々の最大応答変位分布図を図 5.2 と比較してプロポーションが変化していないかを確認し，変化している場合は座屈が発生している可能性ありとみて，違いが認められる部位付近の応答変位の時刻歴によって，急激な振動性状の変化がないかをさらに確認するという手順を踏む．

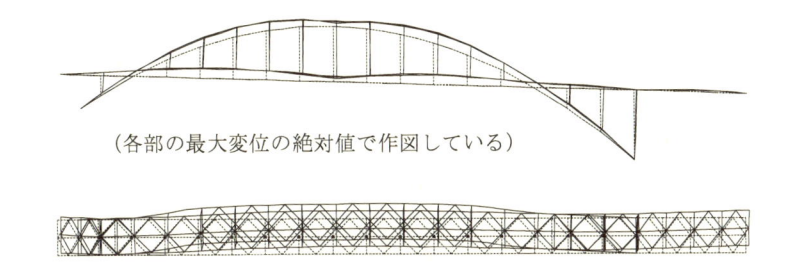

（各部の最大変位の絶対値で作図している）

図 5.2 基本ケース（増幅率 0.85）の最大変位分布図

2 ケース目の解析として，増幅率を 1.5（入力地震動の振幅を 1.5 倍）にして動的解析を実施したところ，図 5.3 のような最大変位分布を得た．図 5.3 の点線円内付近に図 5.2 のプロポーションと異なる傾向が見られたため，当該位置（図 5.4 の節点 1，節点 2）の橋軸方向変位の時刻歴を基本ケースと比較したところ，増幅率 1.5 のケースでは時刻 6 秒付近（図 5.4 内矢印の時刻）で急激な変形の増大が認められた．

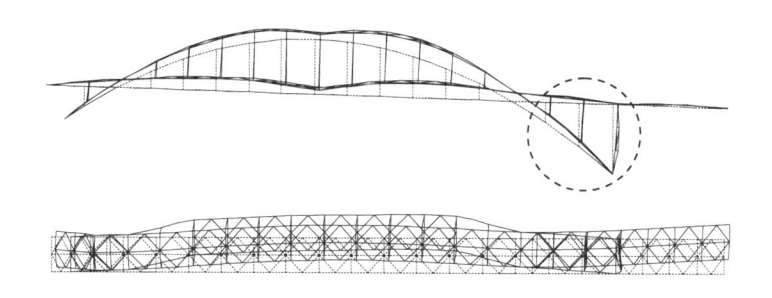

図 5.3　ケース 2（増幅率 1.50）の最大変位分布図

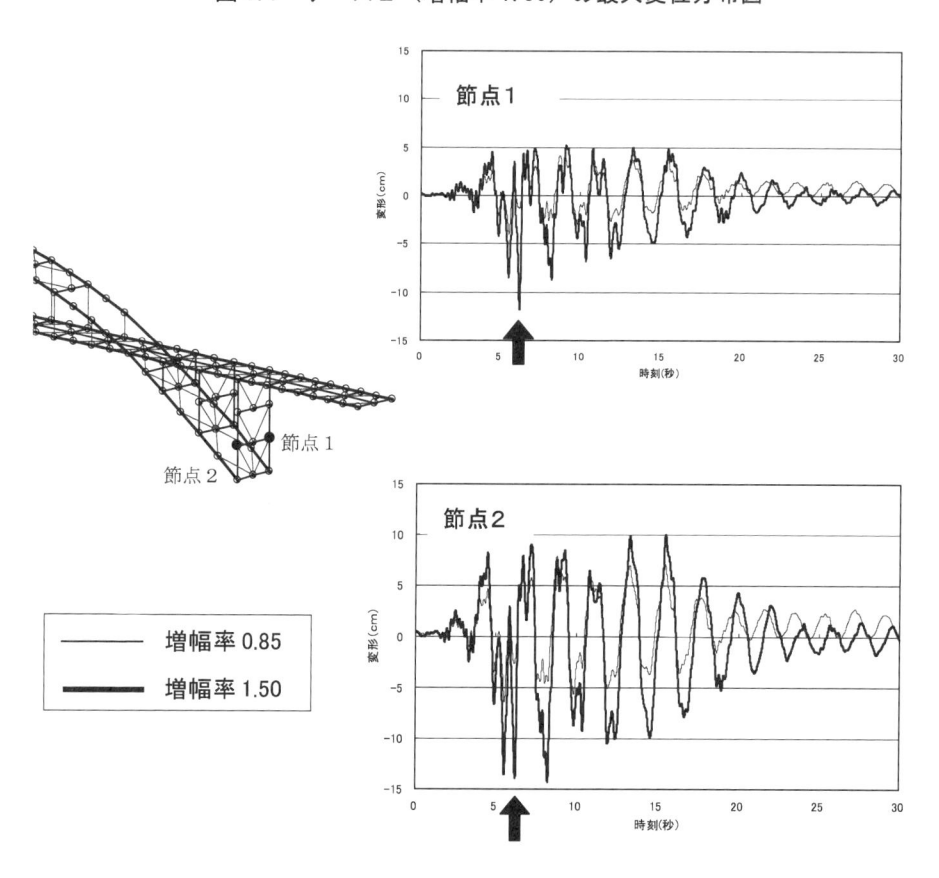

図 5.4　橋軸方向変位時刻歴

　以上から，増幅率 0.85～1.5 の間に動的座屈の発生臨界が存在している可能性が見出され，これを検証するための着目箇所も掴むことができた．これらを元に，地震動増幅率をさらに 1.00～1.40 まで変化させて 5 ケースの動的解析を実施した．全ケースの節点 1 の変位応答の推移を図 5.5 に示す．

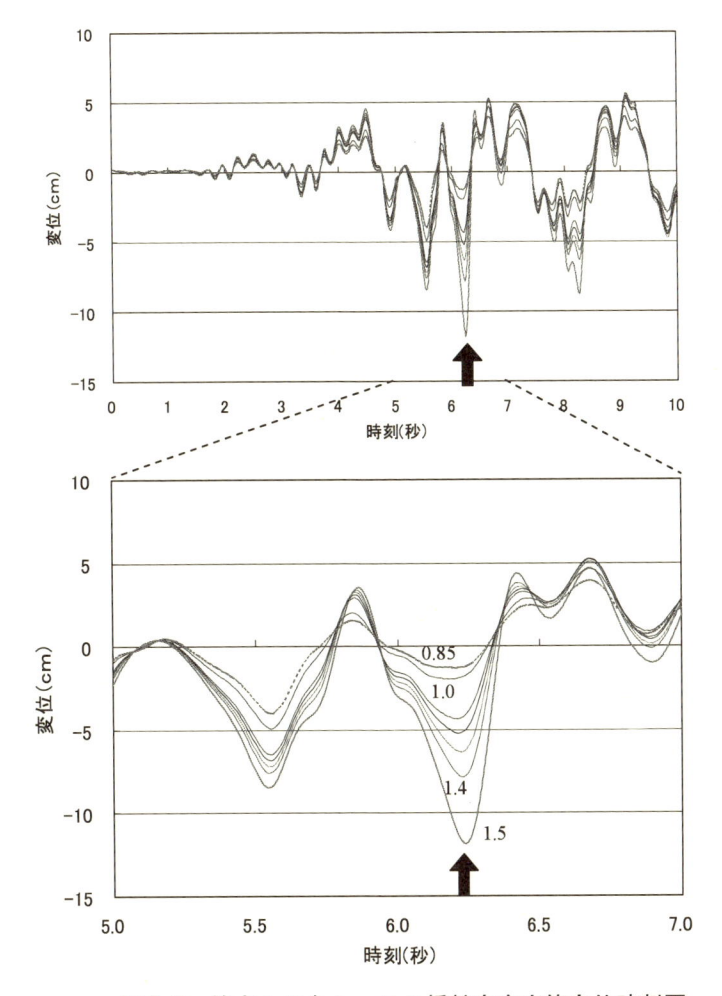

図 5.5　節点 1 の各ケースの橋軸方向応答変位時刻歴

　時刻 6.1〜6.2 秒付近（図 5.5 の矢印の時刻）は地震動増幅率が比較的小さいケースでは大きな変形が発生していないが，増幅率 1.5 と 1.4 のケースでは最大変位発生時刻となっており，地震動増幅に伴う応答変位の増幅が他の時間帯と比較して明らかに大きい．単純な地震動増幅の影響以上の事象が観察できることから，この時刻の急激な変形の増大を座屈によるものと定性的に判断した．ただし発散していく様子は見られないから，急激な変形の増大といっても，この部分のみが瞬間的に跳ねるような，構造全体系にとっては比較的影響が小さい現象と判断できる．

　増幅率 1.5 のケースのほか，同様に着目時刻が最大変位発生時刻となっている増幅率 1.4 のケースでも座屈が発生していると判断し，基本ケースとほぼ同傾向の増幅率 1.0 のケースでは座屈していないと判断したが，定性判定により臨界増幅率をそれ以上絞り込むことは難

しい．増幅率 1.25〜1.35 の範囲を臨界増幅率のグレーゾーンとしておく．実際の地震時座屈照査をこの手順で行う場合，目的が座屈発生までの余裕の確認であれば極端な精度までの絞り込みは不要だが，状況によっては必要精度と定性判定で絞り込める範囲が釣り合うか問題となる可能性もあろう．

(2) 座屈固有値を用いた余裕評価

あえて提案手法を用いない前提で，座屈発生までの余裕を確認する手順を辿ってきたが，ここで提案手法を用いた手順を示す．

基本ケース（地震動倍率 0.85）の座屈固有値の時刻歴を図 5.6 に示す．継続時間中最小の座屈固有値 λ_b は 103.3 で，座屈判定（$0.0 < \lambda_b < 1.0$）は出ていない．また最小座屈固有値の発生時刻 6.17 秒に，固有値と同時に得られた固有モードは図 5.7 のような部分系座屈モードを示している．

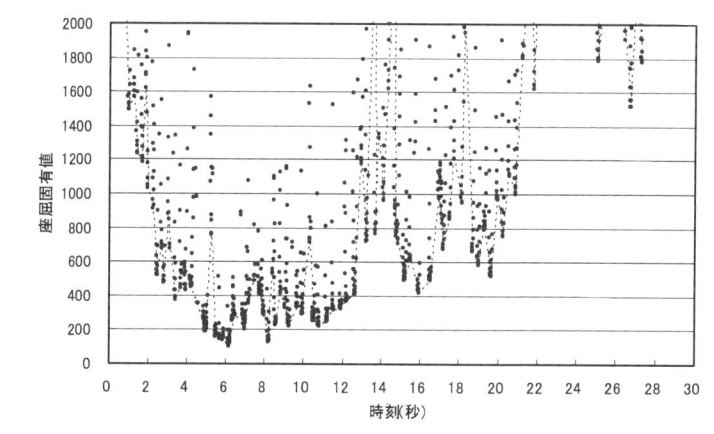

図 5.6 基本ケース座屈固有値時刻歴

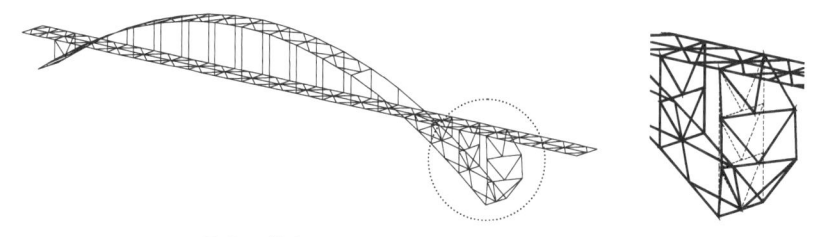

図 5.7 基本ケース最小固有値発生時の座屈モード

提案手法ではこのように，座屈が発生していない基本ケースの動的解析のみで，座屈まである程度の余裕があること，発生に近づいていた座屈の形状，最危険時刻といった情報が得られており，それらが前節の複数回の動的解析で得られた情報と整合していることが分かる．

(3) 最小座屈固有値と臨界増幅率の関係

最小座屈固有値 103.3 が十分な余裕といえるのかどうかを判断するための基準，あるいは経験的判断ができる程度の過去データの蓄積があれば，これ以上の追加解析は必要ないのだが，現段階でそれらはない．ここでは知見の積み上げのため，現象から座屈臨界点を絞り込むために動的解析を繰り返した過程を，提案手法を用いてトレースした．この結果を図 5.8 および表 5.1 に示す．

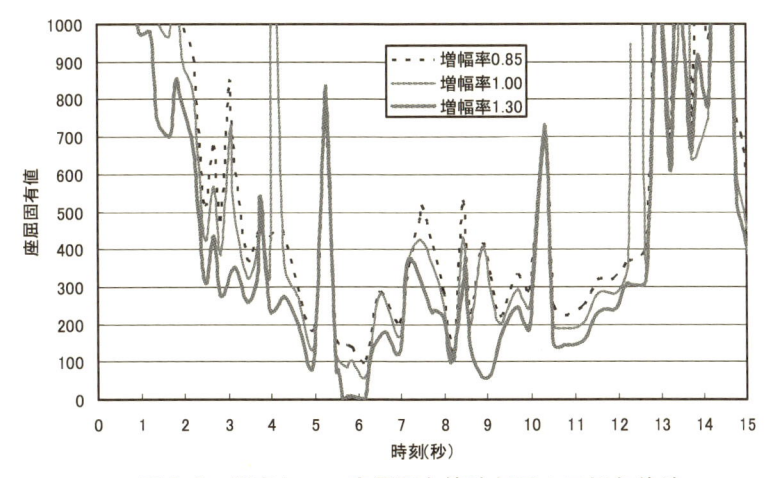

図 5.8 代表ケース座屈固有値時刻歴の下側包絡線

表 5.1 各解析ケースの最小座屈固有値

地震動増幅率	最小座屈固有値	発生時刻（秒）	定性判定
0.85	103.3	6.17	座屈していない
1.00	64.7	6.16	座屈していない
1.25	2.9	5.64	グレーゾーン
1.30	座屈判定	5.63	グレーゾーン
1.35	座屈判定	6.17	グレーゾーン
1.40	座屈判定	6.17	座屈している
1.50	座屈判定	6.18	座屈している

最小座屈固有値は地震動の増幅に伴い段階的に 1.0 に近づき，増幅率 1.30 以降のケースでは最小座屈固有値が 1.0 以下になり座屈判定が出ている．提案手法を用いない手法ではグレーゾーンとして絞り込み切れなかった増幅率範囲内に，定量的に座屈臨界点を見出していることが分かる．

また，座屈固有値は瞬間の座屈しにくさを表しているが，あくまで「Δt秒間の増分事象が，その瞬間に座屈固有値で示される倍率まで線形に増幅されれば座屈点に到達する」ことを示しているのであって，最小座屈固有値が103.3であるということを「入力地震動（加速度）のΔt秒間の増分が，現在の103.3倍に増幅されるまで座屈しない」とは解釈できないことが，これらの比較から分かる．一般的に地震動を増幅した場合，塑性化や変形の増大などによって，最小座屈固有値によって示される倍率まで線形に応答が増幅することは少なく，より小さい増幅率で座屈に達する．

5.1.3 余裕評価に関する考察

　入力地震動の臨界増幅率は，静的問題における座屈点荷重倍率の位置付けに近く，指標の意味合いは分かりやすい．ただし，これを得るためには複数回の動的解析による臨界点の絞り込みという煩雑な作業が必要である上，それだけの手間をかけても，複合非線形動的解析結果による定性的判断のみでは明確に絞り込み切れないことがあるのは見てきた通りである．この他にも，現象を伴わない不安定状態を検知できないことや，複数地震動での検討が望ましいことなども考え合わせると，実務上の課題が多い．

　一方の座屈固有値を指標とした場合，1回分の計算時間は増大するが，地震動を増幅しない1回の解析で座屈に対する安全性確認のために必要な情報はほぼ得られ，上に述べた臨界増幅率を用いる場合の問題も低減できることを先に示した．さらに，5.1.2の(3)に示したような座屈固有値（λ_b）による地震時座屈の危険性に関する定量情報が蓄積されれば，「$0.0<\lambda_b<1.0$ が座屈判定である」という基本的な評価基準とは別に，1.0以上の座屈固有値が単独で示されたときの余裕の十分性に関する判断基準が明確化してくると期待される．

　さて，SM160の基本ケースにおける座屈の危険性に関しては，「入力地震動の臨界増幅率1.30（0.85を基準とすればその1.5倍強）」と「最小座屈固有値103.3」という2種類の余裕評価指標が得られた．

　地震動増幅率が0.85から1.30に変化する間に，最小座屈固有値が103.3から1.0未満まで低下したことを考慮して，最小座屈固有値2.9を得た増幅率1.25の解析ケースは，座屈判定こそ出ていないが十分な余裕がある状態ではなく，ごくわずかな条件誤差などで座屈判定に至る可能性があると判断できる．また，そのような状況に陥らない程度の余裕を保有しているのは，今回の解析ケースの中では，最小座屈固有値で数十以上の数値が得られていた増幅率0.85～1.00のケースまでとも判断できる．

　当面はこのように，可能な限り臨界増幅率と座屈固有値の両指標による評価を併用し，両者の関係に関する知見を積み上げていくことが重要と考える．

5.2 座屈後の動的挙動シミュレーション[39]

5.2.1 座屈後挙動追跡の必要性

1章で述べた通り，本書は元々，解析上の不安定な状態の判定に着目していたので，その時点で現象を伴うかどうかはさほど重要視していなかった．また座屈判定を得た場合，なすべきことは座屈後の動的挙動を詳細に追うよりも回避検討であるから，座屈点以後の解析を続行する必要性は薄いと考えていた（図2.1では座屈判定後に計算を中断している）．

明らかに甚大な現象であればその通りであろうが，5.1の鋼製アーチ橋の例にも見られたように，提案手法で検知される現象には，架構の一部分が瞬間的に跳ねるように変形するだけで発散には至らず，構造物の健全性に大きな影響がないものもある．回避せずとも安全性に大きな問題がなく，かつその回避のために経済性や景観性などを大きく犠牲にしなければならないようであれば，現象を確認して回避不要であることを示すことに意義が出てくる．

また，具体的に動的解析で座屈後挙動をシミュレートした情報と，座屈点の座屈固有値解析で得られた情報が整合している事例が多く示されていれば，座屈モードのみで影響大と判断し，座屈後の動的解析を省略することに明確な根拠付けが可能となってくるほか，座屈に至っていない状態の座屈固有値情報への信頼性を高めるバックデータともなろう．

さらに，先に実験と解析で検証したパラメトリック励振など，動的座屈とは別タイプの構造不安定問題には，定量指標を用いた危険度評価方法が整備できていないものもある．

以上の複数の観点から，必要に応じて動的な不安定挙動のシミュレーションを行う手順を整備し，当面この結果と座屈固有値情報をできるだけ多く併記することは，4章の提案手法を含む座屈照査手順の効果的な運用と信頼性向上に繋がると改めて考えられる．この観点で進めた，座屈後の動的挙動シミュレーション手法の検討について以下に述べる．

5.2.2 現象が看過されている事例

ここで想起されるのが，3章の動的座屈実験のトレース解析で，座屈固有値解析では座屈点を捉えていながら，動的解析結果には相当する現象が現れていなかった事態である．3章では座屈前の余裕低下と座屈判定を中心に述べて，座屈後挙動には着目していなかったが，ここで改めてこの実現象と動的解析の乖離を整理・考察する．

(1) 現象見逃しの考察

3章の動的座屈実験における座屈発生（12秒過ぎ）以前の供試体の実際の振動形状は，ほぼ振動台の振動方向（図3.3参照；これをX方向とする）主体であるのに対し，座屈発生

以後はその直角方向（Y方向）への振動も発生していることが録画映像から観察されている．これは実験終盤で，写真3.4のように，供試体の倒壊形状がＸＹ両方向成分を含んでいる（ＸＹ平面内で捩れ変形が発生している）ことからも確認できる．

その一方，動的解析の応答では，実験の座屈発生時刻以前も以後も，図5.9のようなＸ方向変形が卓越した振動形状のまま変化していなかった．

動的解析上は，
座屈点以前も以後も基本的な
振動形状は変化していない．

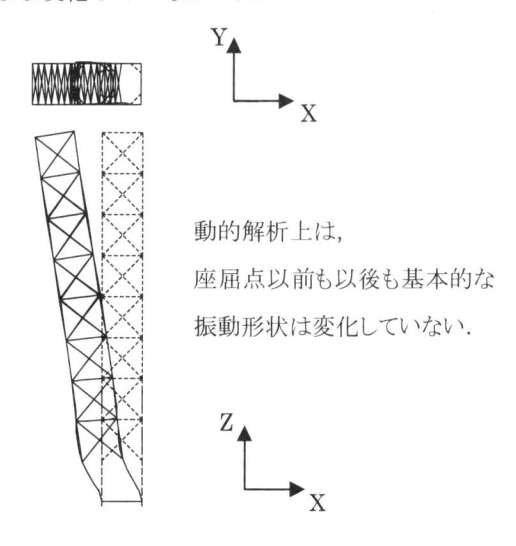

図5.9　動的解析における振動形状

さらにその一方で，座屈固有値解析では，実験の座屈時刻とほぼ同時刻に計算上の座屈判定が得られたことは3章に述べたが，それのみならず，この座屈点で固有値と同時に得られる座屈モード（図3.13）を改めて確認すると，Ｙ方向成分やＸＹ平面内の捩れ成分が現れており，写真3.4に見られる実験の座屈性状との整合性が見られる．

実験上の現象（①），動的解析（②），座屈固有値解析（③）の三者は，以上のような三様を呈しているが，これらの関係をさらに整理する．

座屈点以前は①②はよく一致しているが，②は，ほぼＸ方向のみの振動からＹ方向にも振動し始めるという座屈後の振動性状変化のきっかけを掴めておらず，座屈点以後は整合しなくなる．一方，座屈発生時刻とその瞬間の振動性状の変化傾向に関して，①と③はよく一致している．実現象である①を基準に見ると，③は座屈を捉えているが，②のみでは見過ごすこととなる．②と③は同じ計算プロセスの中で，同じ瞬間の剛性，減衰，質量，内・外力状態を元に計算されたものでありながら，こうした差が現れているが，4.3.4に述べた通り，座屈固有値解析は動的解析に影響を及ぼさない仕様となっているので，③は②の傾向変化のきっかけにはなっていない．これらの3者の関係を図5.10に示す．

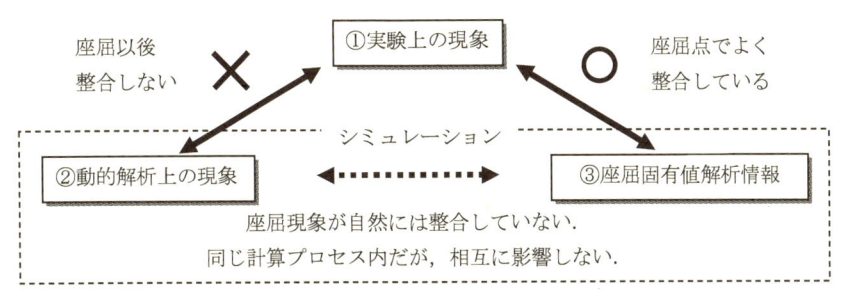

5.2 座屈後の動的挙動シミュレーション

```
      座屈以後       ┌──────────┐      座屈点でよく
     整合しない    ×  │①実験上の現象│  ○  整合している
                 ↗   └──────────┘   ↖
              ↙                         ↘
  ┌─ ─ ─ ─ ─ ─ ─ ─ ─ ─ シミュレーション ─ ─ ─ ─ ─ ─ ─ ─ ─ ─ ┐
  │ ┌──────────────┐                  ┌──────────────────┐ │
  │ │②動的解析上の現象│ ←┄┄┄┄┄┄┄┄→ │③座屈固有値解析情報│ │
  │ └──────────────┘                  └──────────────────┘ │
  │         座屈現象が自然には整合していない.                │
  │         同じ計算プロセス内だが,相互に影響しない.         │
  └─ ─ ─ ─ ─ ─ ─ ─ ─ ─ ─ ─ ─ ─ ─ ─ ─ ─ ─ ─ ─ ─ ─ ─ ─ ─ ─ ┘

       ①と②を,③を介して整合させることができないか?
```

図 5.10 現象の不整合

以上を簡潔にいえば,実験,動的解析とも,ほぼ同時刻に不安定な状態にはなっていたが,実現象には座屈が発生するきっかけがあり,解析上はなかったということであろう.

実現象における「きっかけ」とは,特定は難しいが,供試体の設置状態や振動台の動きなどの微妙な不整が考えられる.そのような想定から,動的解析②に現象を発生させる手段としては,各鉛直部材の初期不整を設定することが考えられる.しかし現段階でも座屈点以前の 12 秒間の挙動は実現象と動的解析がよく一致しているから,初期状態が実際と解析で大幅に乖離しているとは考えにくい.さらに設計時の運用を考えれば,このような構造の場合,均等軸力でない初期状態を根拠なく複数パターン作って,不安定に陥らないかどうかチェックする作業は通常は行われないという前提で対応を考えるべきであろう.

(2) 中間不整の挿入

「ひざカックン」といういたずらがある.人の背後にぴったり付いて自分の膝を曲げると,前にいる相手の膝も簡単に曲がってしまう.ちょっとしたきっかけを与えることによって,人の膝関節が膝裏から直角に入る力に対して意外に脆いことが分かる.

このイメージで,必要に応じて③の結果を②で振動性状が変化するきっかけとして与えることを考えた(図 5.10).③によって座屈判定を得たが,②でそれらしき現象が起きていない場合に,そのポイントが実際に安定といえない状態にあるのかどうかを確認する目的,あるいはこの時点で起こっていてもおかしくないにも関わらず,解析上はきっかけを得られず発生しなかったと思われる現象を具体的に発生させる目的で,その瞬間に得られた座屈モードと相似形の微小な変形を動的解析の途中で与える措置である.あくまで実体のないきっかけとして与えるのであるから,このような確認が必要な場合に限って,できるだけ微小な量を与えるという特別措置である.

このようにして動的解析の途中,座屈点前後にその場で自動生成して挿入する不整量を

（初期に付与する初期不整に対し）以後，「中間不整」と呼ぶこととする．この措置の実現のため，表2.1の解析プログラムにさらに次のような機能を追加した．

動的応答に伴い，座屈点へ接近し離れる挙動が繰り返されるが，この様子は提案手法によって得られる座屈固有値の時刻歴上では，図5.11のようなV字形状の並びとなって現れる[40),41)]．1組の固有値のV字形は，ある座屈点への接近と離脱1回分の過程を示しており，V字1個が形成される時間領域内では動的応答としての変形状態は，座屈しない限り極端に変化しない．そこで中間不整挿入は個々のV字単位で考え，座屈固有値が1.0を下回る（座屈判定が出る）瞬間，あるいはその直前に，その場で得られた座屈モードベクトルを用いた微小不整量を強制変位として挿入することとした．中間不整（変位）ベクトルのプロポーションは自動決定できるが，その大きさや挿入のタイミングは，個々の問題別に試行錯誤で適切に設定せざるを得ない．プログラムはそれらが柔軟に変更可能なようにした．

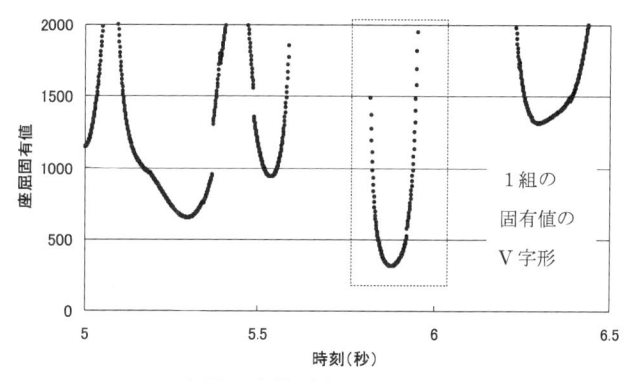

図5.11　座屈固有値時刻歴上に現れるV字形状例

(3) 実験トレース解析の改善

動的座屈実験のトレース解析を，中間不整の挿入によって改善することを試みた．動的解析条件は3章と全く同様である．

瞬間の状態によって座屈モードは変化するが，同じモードへの接近・離脱現象が連続することもある．図3.13で示したものは初回座屈点の座屈モードであるが，この付近の時間帯では同じ座屈モードが連続して現れる．このモードベクトル成分の最大値は柱③最下層Y方向（図5.12矢印位置）に現れているが，この最大成分の大きさと方向を動的解析のΔt秒間の同位置X方向増分変位のF倍として中間不整ベクトルを作成し，座屈判定直後に挿入することとした．Fはトライアンドエラーで絞り込む未知数である．初回座屈時刻（12.41秒）の同位置X方向変位は-2.877cm，X方向増分変位は-4.392×10^{-4}cmで，その時点でのY方向応答変位はX方向の1/500程度の微小なものである（図5.13の点線）．

5.2 座屈後の動的挙動シミュレーション

本例題は継続時間の後半ほど応答が増大し座屈判定が頻繁になるが，本来そのような場合は構造物が健全な状態でないことは明らかなので，座屈後性状を動的に追跡する必要性は低い．ここでは，何回か座屈判定を経験しても構造全体として大きなダメージを受けていないことを確認する目的でのシミュレーションを想定していることから，不整挿入回数があまり多くならない初回座屈点の12.41秒から13秒までの時間帯付近に着目した．

トライアンドエラーの結果，F=1.0で図5.12～図5.14に示すような解析結果を得た（この条件では，着目時間帯内で11回の中間不整挿入があった）．各々の不整ベクトルの併進最大成分の絶対値は0.0004cm～0.003cmの範囲で元々微小であり，かつ正負に大きな偏りなく挿入されたので，これらの強制変位分は過大に蓄積されてはいない．この上で時刻13.00秒には，図5.12のような動的解析上の変形状態を得た．座屈直前（12.4秒）の振動性状と比較して，新たにY方向成分（図5.13）や捩れ成分が，挿入した不整量以上に急激に発生している．

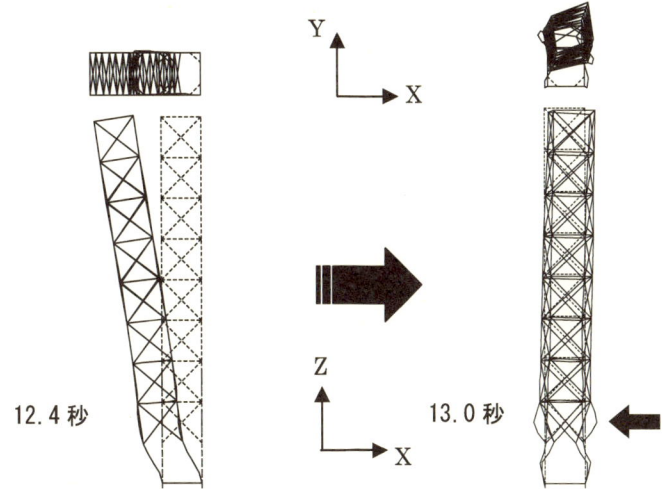

図5.12　座屈前後の振動形状の変化

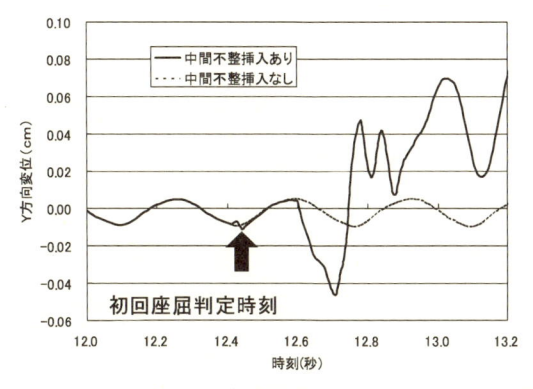

図5.13　Y方向変位履歴（図5.16矢印位置）

また図 5.14 の軸方向ひずみにも，実験結果（図 3.5，図 3.6）と整合する変調が現れている．今後さらに精度向上や試行錯誤の短縮を図っていく必要はあるが，動的解析で座屈現象が出にくい場合の措置として，中間不整挿入の基本的有効性は確認できた．

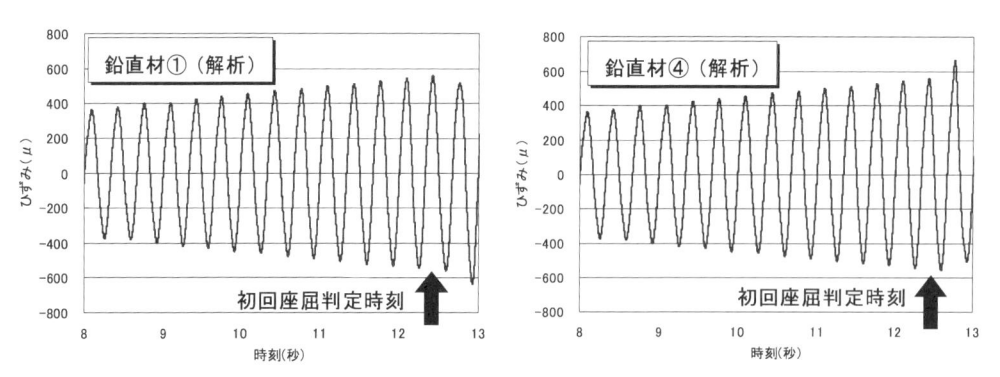

図 5.14 中間不整を挿入した動的解析による軸方向ひずみ

5.2.3 現象と固有値情報が自然に整合する事例

続いて，鋼製中路式アーチ橋モデル SM160（図 2.3）でも座屈後挙動シミュレーションを試行した．この橋梁は，JMA 神戸の 3 方向の地震動（図 2.4）同時入力によっても座屈判定に至らず，最小固有値発生時の座屈モードが部分系モード（図 2.8）であることは 2 章で既に述べ，5.1 では同条件でのこの橋梁の座屈に対する余裕確認が済んでいる．

ここでは，座屈判定が出た場合の座屈固有値解析情報と動的座屈挙動シミュレーションを対比して示す例題を蓄積することを目的として，この解析モデルと入力地震動で座屈判定が出るよう，減衰定数 0.2%の剛性比例型という本来なら過小な減衰条件に変更し（標準的な動的解析条件で座屈判定が出る解析例題が手元になかったための代替措置である），それ以外は 2.2.2 と同条件で動的解析を実施した．

この結果，5.68 秒，6.08 秒の 2 時刻で座屈判定（$0.0 \leq \lambda_b \leq 1.0$）が得られた（図 5.15 の「座屈判定 1」と「座屈判定 2」）．また，それらの直後に座屈モード（図 2.8）と似た部分モードで，桁下の鉛直材がそれ以前と比較して大きく橋軸方向に変形していた（図 5.16，図 5.17，図 5.18）．すなわち，ここでは中間不整を挿入するまでもなく，座屈固有値解析で座屈点を捉えた直後に，動的解析によって座屈モードに似た形状の座屈現象を見ることができた．一方，減衰定数 1%の条件で動的解析を実施した場合，同位置に急激な変形が発生した様子は認められず（図 5.19），減衰定数 0.2%の条件で座屈が発生したのと同じ時刻の変形状態も座屈モードと傾向が異なっている（図 5.20）．このことから図 5.16～図 5.18 に示した減衰定数 0.2%の場合の挙動が座屈によるものであることが分かる．

5.2 座屈後の動的挙動シミュレーション

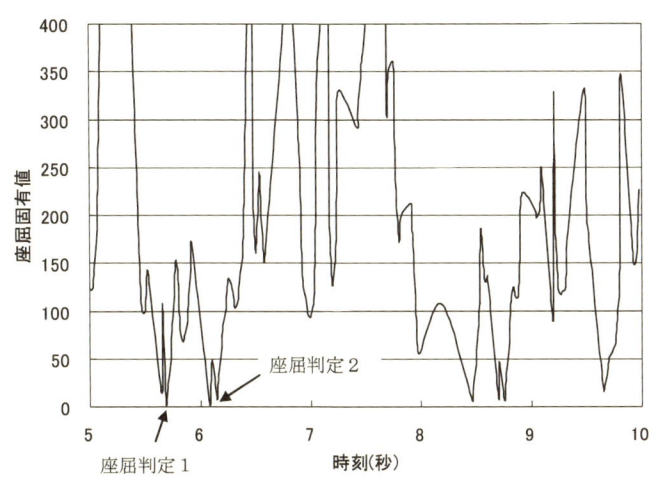

図 5.15 座屈固有値時刻歴（時刻 5.8 秒，減衰定数 0.2%）

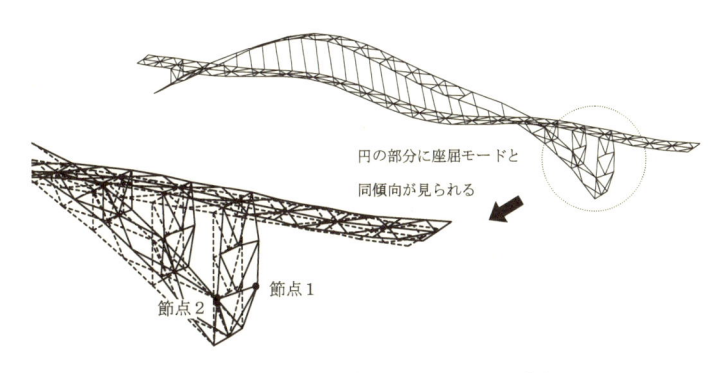

図 5.16 座屈判定 1 直後の変形状態（減衰定数 0.2）

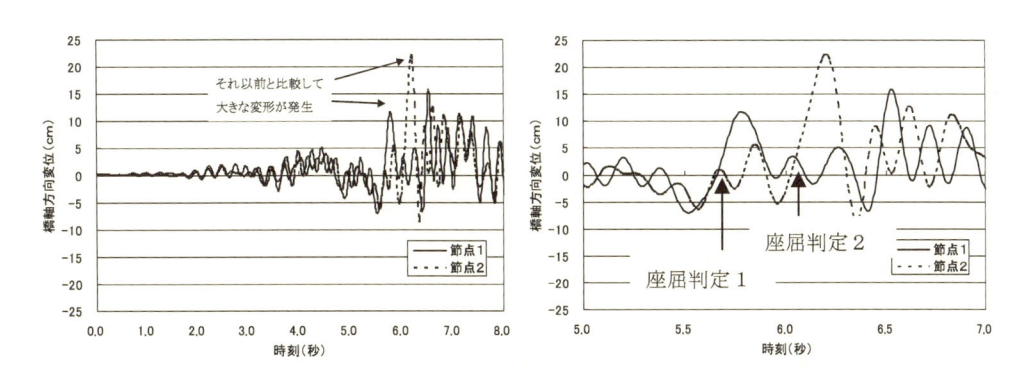

図 5.17 桁下鉛直部材中節点の
橋軸方向変位時刻歴（減衰定数 0.2%）

図 5.18 桁下鉛直部材中節点の
橋軸方向変位時刻歴
（減衰定数 0.2%，5.0〜7.0 秒付近）

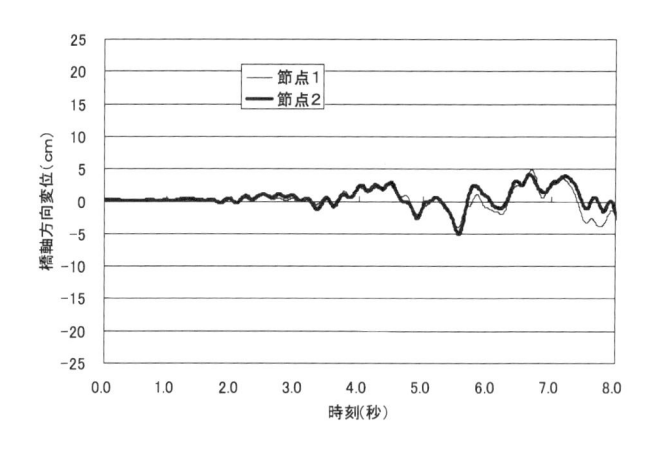

図 5.19　桁下鉛直部材中節点の橋軸方向変位時刻歴　（減衰定数 1%）

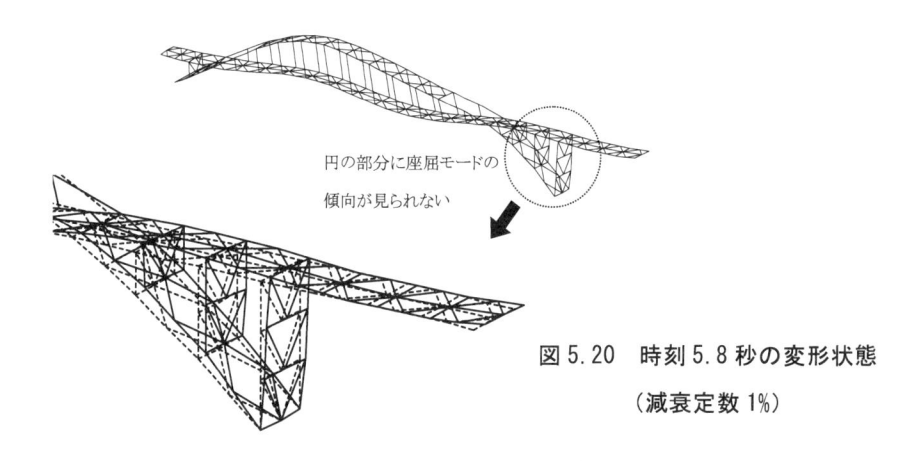

円の部分に座屈モードの傾向が見られない

図 5.20　時刻 5.8 秒の変形状態
（減衰定数 1%）

ただしこの座屈現象は発散には至っておらず，構造全体に及ぼす影響は比較的軽微な可能性がある．ここでは，座屈判定を得るために敢えて不利な解析条件を与えたが，通常条件でこのような座屈が検出された場合が，5.2.1 で述べた，本書が想定している「座屈後の動的挙動をシミュレーションで確認すべき場合」に相当する．

5.2.4　現象と固有値情報の整合に関する考察
(1)　現象看過の可能性

実験による実現象と座屈固有値解析情報（座屈判定・座屈モード）は整合していたが，これが動的解析に反映されていなかった状況を，中間不整挿入により改善した事例を 5.2.2 に，座屈モードと動的解析上の挙動が最初から整合した事例を 5.2.3 に示した．

後者では中間不整挿入を必要とせずに動的応答の中に座屈現象が発生したが，これは前者の場合とは異なり，座屈以前の振動形状から大きく傾向の異なる振動形状へ変化する現象で

はなく（座屈前の振動形状と座屈モードが比較的近く），動的解析プロセスの中で振動形状変化のきっかけを自然に得られたためと考えられる．

　中間不整の挿入は，微小とはいえ実体のない変形量を与えることであるから，やみくもに用いるべきではない．動的解析中の座屈固有値解析で座屈判定が出ていながら，動的解析の応答に相当する現象が現れていない場合で，加えて，次のような事情がある場合に限り用いるべきと考える．

1) 座屈固有値解析で検出された不安定点が，実際にわずかなきっかけがあれば，急激に振動形状が変化する点なのかを確認したい場合．
2) 不安定点であることに疑問はないが，座屈固有値解析による座屈モードの情報だけでは，実際に発生したときの影響の甚大さが評価できない場合．

(2) 現象シミュレーションと提案手法

　実際の地震時座屈検討では，複合非線形動的解析のみで自然に振動性状が急変する座屈現象が確認できていれば，提案手法による座屈固有値情報はその場で同時には必要ない．座屈後を含む全継続時間中の応答計算結果が通常の耐震性能照査と同レベルでチェックされ，満足されなければ対策が検討される．

　しかし，その場合も提案手法の存在意義がなくなることはない．対策を施した条件で再計算して現象が消えたときに，それが不安定状態の見過ごしでなく，かつ十分余裕を持ってのことかどうかを確認する手段となるからである．座屈点に至っていないか，あるいは座屈点に至っていながら現象が起きていない状態でも，提案手法が有用な情報を提供できる点は，他の動的座屈判定手法にない重要な特徴である．提案手法は現象シミュレーションと組み合わせて柔軟に運用していくのがよいと考える．

5.3　5章のまとめ

　本章では以下のことを述べた．
(1) 動的挙動中の座屈が発生していない状態で，座屈点までどの程度の余裕を残しているかを定量評価するための指標として，本書で提案する最小座屈固有値のほか，座屈が発生する地震動増幅率（臨界増幅率）にも着目し，両指標の意味合いの違いを整理した．
(2) 鋼製中路式アーチ橋の例題を用いて，（提案手法は使わずに）入力地震動の増幅率を変えて動的解析のみを繰り返し，動的座屈発生の臨界増幅率の絞り込みを図ったが，明確に絞り込みきれない範囲が残った．

(3)　上記の臨界増幅率の絞り込み過程を，時々刻々の座屈固有値解析を動的解析に挿入する提案手法でトレースした．提案手法による評価は(2)の手順で得られた評価より精度がよいこと，また提案手法が，座屈が解析上の現象として認められない状態での余裕確認に有用であることが確認された．

(4)　他方，座屈判定を得て検出した座屈が構造全体系に与える影響を座屈モードのみから判断しにくい場合には，座屈後の動的挙動シミュレーションが必要な場合があることから，この点に関して提案手法の補強を図ることとした．ただし検出された座屈が甚大な不安定現象であることが明白な場合は，座屈後の動的挙動をシミュレートする必要性は低い．検出された座屈が架構全体に与えるダメージが小さい可能性がある場合に，このことを確認する目的でのシミュレーションを想定した．

(5)　判定が出ていながら応答性状に現れない座屈現象を解析上で発生させるため，動的解析の途中で微小不整量を挿入する座屈後の動的挙動シミュレーション手法を考案し，プラットフォームプログラム上で適用可能にした．この措置を中間不整の挿入と呼ぶ．現象が看過されていた3章の動的座屈実験のトレース解析結果を，中間不整挿入により実験結果に近づけることができた．

(6)　鋼製中路式アーチ橋の例題に対し，座屈判定が出易い条件で再度動的解析を実施した．この例題では中間不整を挿入せずとも部分系座屈現象が現れた．この変形性状は提案手法の座屈固有値解析で得られた座屈モードと整合していた．

(7)　座屈固有値解析と動的解析による評価が整合する例題の蓄積は，本論文の実験例題のように座屈判定が出ていながら動的解析上に現象が認められない場合や，座屈判定が出ていない場合の座屈固有値情報に対する信頼性向上に繋がる．

6. 適用事例

本章では，4章で提案した手法を，橋梁の耐震性能照査解析用の骨組みモデルに適用した事例を報告する．

6.1 コンクリート製長大アーチ橋（支間長 600m）の地震時座屈性能 [5),40)]

6.1.1 形状パラメータスタディ

4.3.5 で用いた，支間長 600m のコンクリート製長大アーチ橋の解析モデル CU600 を元にして，100m のアーチライズを 80m，60m と変化させた（部材断面は変更せず，節点重量は各部材長の変化に応じて比例補正した）ときの最小座屈固有値の変化から，アーチ架構形状の変化によって座屈の危険性がどのように変化するのかを検討した例を示す．

ライズが異なる各モデルに対し，橋軸および橋軸直角方向加震の動的解析（加震方向以外の解析条件は全て 4.3.5 と同様）を実施し，結果として得られた最小座屈固有値を表 6.1 に示す．また同表内に，式(1.1)による常時荷重に対する座屈固有値も合わせて示した．括弧内はライズ 100m を基準とした各固有値の変化率を％で示したものである．

表 6.1 常時／地震時の最小座屈固有値比較

CU600の ライズ	橋軸方向加震時 最小座屈固有値	橋軸直角方向加震時 最小座屈固有値	常時荷重に対する 座屈固有値
100n	2627.7 (100%)	221.6 (100%)	2.885 (100%)
80m	2291.3 (87%)	294.8 (133%)	2.296 (80%)
60m	2420.5 (94%)	372.6 (168%)	1.615 (56%)

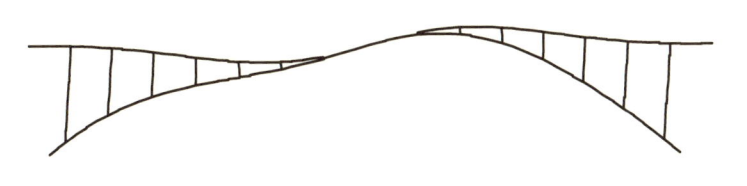

図 6.1 常時荷重に対する座屈モード

常時と各方向加震時とも，各解析モデルで座屈判定は出ていない．

常時荷重に対する座屈モードは，各モデルに共通して図 6.1 に示すようなアーチリブおよ

び補剛桁を含む全体モードである．各モデルとも常時荷重に対する座屈までの余裕は確認されたが，より鉛直方向の変形が出易く，アーチリブが軸力部材よりも曲げ部材としての傾向が強くなる低ライズ架構の方が低性能を示している．

橋軸方向加震の場合，最小座屈固有値発生時の座屈モードは，各モデル共通して図6.2に示した補剛桁のモードであった．形状的にライズの変化との関連が薄い座屈モードであるため，表6.1の最小座屈固有値はライズの変化に伴う変動幅が比較的小さく，ライズとの関係に規則性が見られない．

一方の橋軸直角方向加震時は，各モデル共通して図6.3のような橋軸直角方向に一様に倒れる全体座屈モードであった．ライズの変化は大きく固有値に影響しており，鉛直部材の部材長がより長くなる高ライズ架構の方が低性能となることが，表6.1の最小座屈固有値によって示されている．また各モデルとも，橋軸方向加震時と比較して橋軸直角方向加震時の最小座屈固有値が1/10程度であり，ライズの変化に伴う固有値の変化率も大きい（表6.1）．座屈判定は出ていないものの，橋軸直角方向に加震された場合の低性能が相対的に目立つ結果となっている．

図6.2　橋軸方向加震時の座屈モード（CU600）

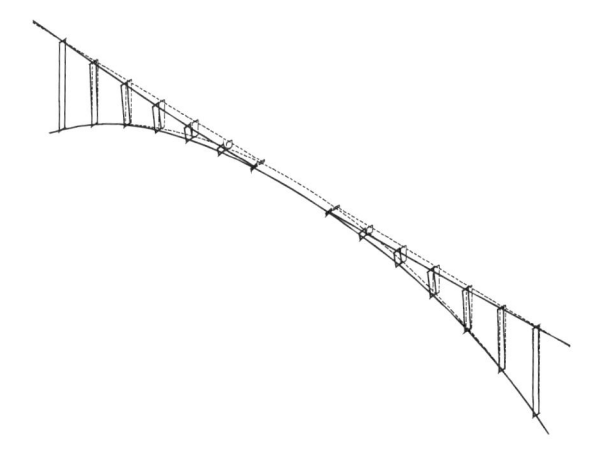

図6.3　橋軸直角方向加震時の座屈モード（CU600）

常時荷重に対しては高ライズが有利，橋軸直角方向の加震に対しては低ライズが有利，橋軸方向の加震に対してはライズの変化は大きく影響しないという，荷重の種類や方向別に異なる傾向が見られたが，これらはそれぞれが作用した際に発生に近づく座屈モードの違いに起因していることが分かる．振動中にどのような形状（モード）の座屈に近づくかはあらかじめ予測し難いことも多いが，座屈現象が発生していない解析によって，それらが明らかになる点が提案手法のひとつの特徴である．

6.1.2 座屈震度との比較 [41]

文献 5），16) では CU600（ライズ 100m）に対し，橋軸および橋軸方向に一様震度の水平荷重，すなわち節点重量×震度をそのまま水平方向に作用させる複合非線形プッシュオーバー解析が実施されており，橋軸方向で約 0.1，橋軸直角方向で約 0.2 という非常に小さい座屈震度を得ている．それぞれ異なる 2 つのプログラム（一方はファイバーモデル，もう一方は M－φモデルを使用している）で実施され，ほぼ同様の結果を得ている．前述したように，アーチ橋の地震時照査を静的解析で行った場合，複雑な動的挙動が反映されないが，このケースでは，座屈震度によって示された地震時の対座屈性能が過小評価ではないかという疑問が生じ，その後，文献 5) などで動的手法により対座屈性能を再確認している．

ここでは，4.3.5 と同様の解析条件で，JMA 神戸地震波（図 2.4）3 方向同時加震した時の動的解析結果（6.2 参照）から，おおよその座屈震度を算出して，先の静的解析により得られた座屈震度と比較を行う．動的解析により得られる加速度分布は構造内で一様ではないが，代表部をアーチクラウン部中央として，この位置の水平方向加速度（2 方向合成）から表 6.2 のように座屈震度を算出した．

表 6.2 CU600 クラウン部中央水平加速度（cm/sec^2）と座屈震度

最小座屈固有値 λ_b 発生 1STEP 前の応答加速度 A_0	440.6
最小座屈固有値 λ_b 発生 STEP の増分応答加速度 ΔA	4.856
最小座屈固有値 λ_b 発生 STEP の応答加速度 $A_0+\Delta A$	445.5
$\lambda_b = 239.9$　　座屈震度$=(A_0+\Delta A*\lambda_b)/980.0$	1.638

これは一般的な手順ではなく，あくまで参考値として計算したものであるが，ここで 1.6 以上という座屈震度を得たことからも，複合非線形静的増分解析の結果（座屈震度 0.1〜0.2 程度）が過小評価であることが分かる．こうした地震時の挙動が複雑になる橋梁は，動的解析をベースにした照査が必要であることが改めて認識された．

6.2 異なるアーチ橋における地震時対座屈性能比較 [40), 41)]

　CU600（ライズ100m）のほか，2章と5章で使用した鋼製中路式アーチ橋モデルSM160と，コンクリート製中路式アーチ橋 [45)] モデルCM100（図6.4，図6.5）を加え，各々のJMA神戸地震波（図2.4）3方向同時入力時の座屈に対する性能比較例を示す．

　ここでは以下のように解析条件を揃えてそれぞれのモデルを再計算した．

(1) 座屈固有値解析を含む動的複合非線形解析．
(2) 動的解析はニューマークβ法（$\beta=1/4$）で，積分時間間隔$\Delta t=0.001$秒．
(3) 各部材の減衰定数は，ここではコンクリート部材3％，鋼部材2％に統一し，各次減衰定数を得てレーリー減衰を用いた．減衰マトリックスは解析中更新しないものとした．
(4) アーチリブ部材にM-ϕ関係とM-N相関曲線規定による変動軸力を考慮した部材非線形性を設定．履歴則は武田型．桁・鉛直部材は弾性とした．
(5) 入力地震波はJMA神戸波3方向同時入力とした（図2.4）．

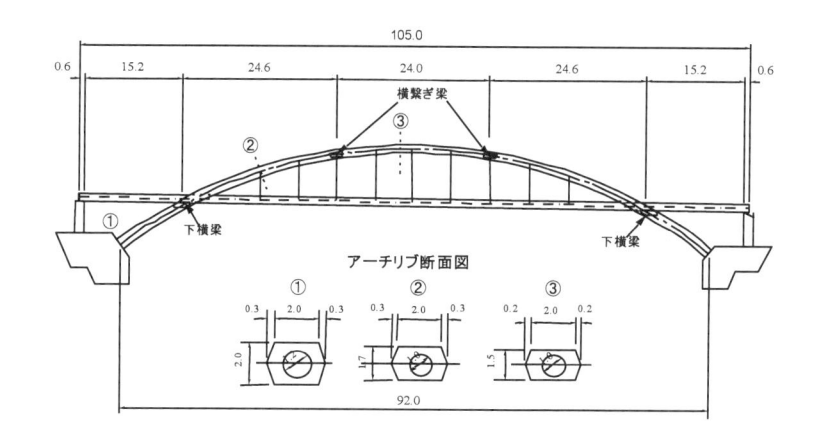

図6.4　コンクリート製中路式アーチ橋（単位m）

アーチ支間 ： 100m
アーチライズ： 8～10m

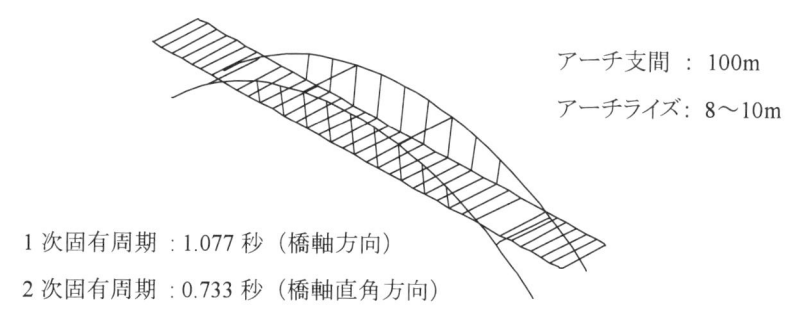

1次固有周期 ： 1.077秒（橋軸方向）
2次固有周期 ： 0.733秒（橋軸直角方向）

図6.5　コンクリート製中路式アーチ橋モデル（CM100）

6.2 異なるアーチ橋における地震時対座屈性能比較

まず，CU600 の座屈固有値の時刻歴を図 6.6 に示す．最小値は 239.9（5.87 秒）を得た．これを含む 3 橋の座屈固有値時刻歴の下側包絡線と最小座屈固有値を図 6.7 に示す．CU600 の最小座屈固有値発生時の座屈モードは，図 6.3 と同様の橋軸直角方向に一様に倒れる全体座屈モードであった．図 6.8，図 6.9 には残り 2 モデルの座屈モードを示した．3 モデルとも最小座屈固有値が 1.0 より大きい数値であるので，この地震動入力時に座屈に至らないことが示されたが，その一方で主桁下の鉛直部材の局部座屈モードが検出された SM160，超長大規模の CU600 の順で余裕が小さいという性能差が示されている．

CU600 と CM100 は，最小座屈固有値にある程度の差があるものの，固有値の変化の傾向は似ている．一方，SM160 の座屈固有値は終始他の 2 モデルを下回っている．これら 3 モデルは橋梁形式，鋼製／コンクリート製という違いを始め，橋長・幅員・アーチ支間長とライズ，あるいは固有周期など様々な構造特性が異なっているから，座屈固有値の変化や最小値が同様でないのは当然であるが，SM160 の低性能（座屈に至らない範囲で相対的な）を際立たせている主な原因は座屈モードの違いであると考えられる．

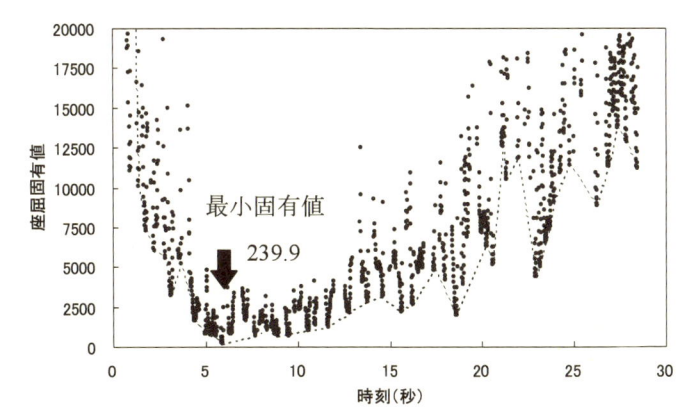

図 6.6　CU600　JMA 神戸 3 方向同時入力時の座屈固有値時刻歴

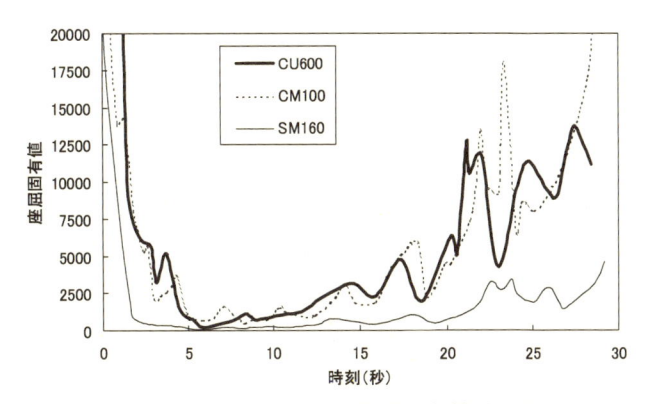

最小座屈固有値		
CU600	239.9	(5.87 秒)
CM100	493.5	(8.29 秒)
SM160	75.6	(6.16 秒)

図 6.7　座屈固有値時刻歴の下側包絡線比較

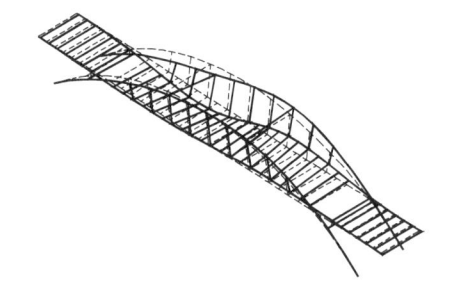

図 6.8　最小座屈固有値発生時座屈モード（CM100）

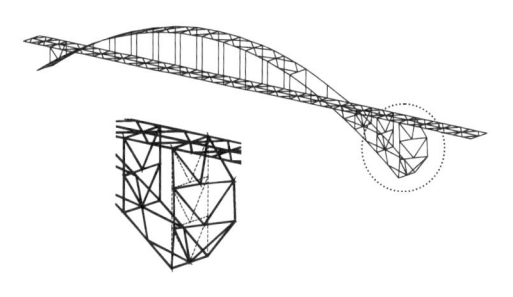

図 6.9　最小座屈固有値発生時座屈モード（SM160）

　CM100 の座屈モードは桁・アーチリブを含む全体に及ぶモードである．先の解析で橋軸直角方向の危険性が判明していた CU600 は，3 方向同時加震時も橋軸直角方向の座屈モードとなっているが，これも部分系の座屈モードではない．これらに対し SM160 では，桁下鉛直部材の部分系座屈モードとなっている．

　2.3.4 で，SM160 の図 2.9 のような全体系座屈モードに限定した最小座屈固有値は，部分系座屈モードの場合と比較して大きい値となることが確認されているから，この部分系座屈が起きにくくなるような補強を施して，全体系座屈モードを 1 次モードに繰り上げることができれば，架構全体としてはさらに座屈に対する性能の向上が見込める．ただし，現状の部分系座屈モードであっても，数十以上の最小座屈固有値を得て座屈判定には至っていないのであるから，そのような補強が実際に必要かどうかはまた別の判断が必要である．

　これらの解析例はいずれも座屈判定に至っていないが，今後，座屈判定を得て回避検討を行う際は，最小座屈固有値とペアとなる座屈モードが部分系モードではなく全体系モードとなるように構造全体のバランスをとり，架構の性能をフルに発揮させることが地震時座屈に対する性能を向上させる重要な鍵となると考える．最小座屈固有値と同様に，座屈モードも提案手法が提案できる重要な情報である．

6.3　鋼製上路式アーチ橋の耐震補強 [46]

6.3.1　対象橋梁概要

　写真 6.1 に示すような，既設の鋼製上路式アーチ橋の耐震補強設計における提案手法の適用例を示す．この橋梁は昭和 30 年竣工であり，昭和 14 年鋼道路橋設計示方書により設計・施工されている．橋長は 53.7m，アーチ支間は 47.0m，アーチライズは 10.0m である．一見して，近年設計施工された同規模・同形式橋梁と比べ，鉛直部材などに華奢な印象を受ける．

写真 6.1　鋼製上路式アーチ橋

6.3.2　補強前の耐震性能照査

　この鋼製上路式アーチ橋に対し，まず対策前の状態について動的解析による耐震性能照査を実施した．外観から，地震時に部材の塑性化や座屈による急激な変形が発生することが懸念されたため，照査には複合非線形動的解析を採用することとし，さらに式(2.3)による座屈固有値解析を0.01秒間隔で挿入した．

　動的解析手法はニューマーク β 法（β=0.25）による直接積分法を用い，積分時間間隔 Δt=0.001 秒とした．減衰定数は床版 5%，線形の構造部材 2%，非線形が想定される構造部材 1%，地盤バネ 10% としてレーリー型減衰を用い，減衰マトリックスは解析中に更新しないものとした．また，振動固有値解析にはサブスペース法，座屈固有値解析には逆反復法を用いた．解析モデル中アーチリブ部材に M-φ 関係規定による部材非線形性を設定し（履歴則は標準型バイリニア），M-N 相関曲線により軸力変動を考慮した塑性化判定を行った．桁・鉛直部材は弾性とした．支承による境界条件は，アーチリブ端において橋軸方向ピン，橋軸直角方向固定とし，桁端は大地震による支承破壊を想定し橋軸方向・橋軸直角方向ともフリーとした．死荷重載荷の後，レベルⅡ地震動（図 2.4 中段，地域補正係数 0.85，補正後の最大加速度 690cm/sec^2）を橋軸方向と橋軸直角方向に別々に与えた．

　橋軸直角方向の現況解析における座屈固有値時刻歴を図 6.10 に示す．時刻 5.78 秒で最初の座屈固有値による座屈判定が現れている（図 6.10①）．この時刻の座屈固有値解析で得られた座屈モードは，図 6.11 のような左側エンドポストの中央部が橋軸方向（地震動入力方向の直角方向）に大きくはらみ出す形状であったが，この判定直後には座屈固有値が 1.0 から上方に離れて危険な状態を脱しており，当該位置の変位時刻歴波形（図 6.12）には座屈モードと整合する現象が現れていない．

しかし，さらに動的解析を進めると，時刻8秒前から座屈判定が頻発するようになり（図6.10の②），その後，動的解析上にも，エンドポストの橋軸方向への急激な変形が現れた（図6.12）．この時刻では，座屈固有値解析情報と動的解析による応答の双方が整合して，振動面外への座屈が発生したことを示している（ここでは中間不整の挿入は行っていない）．

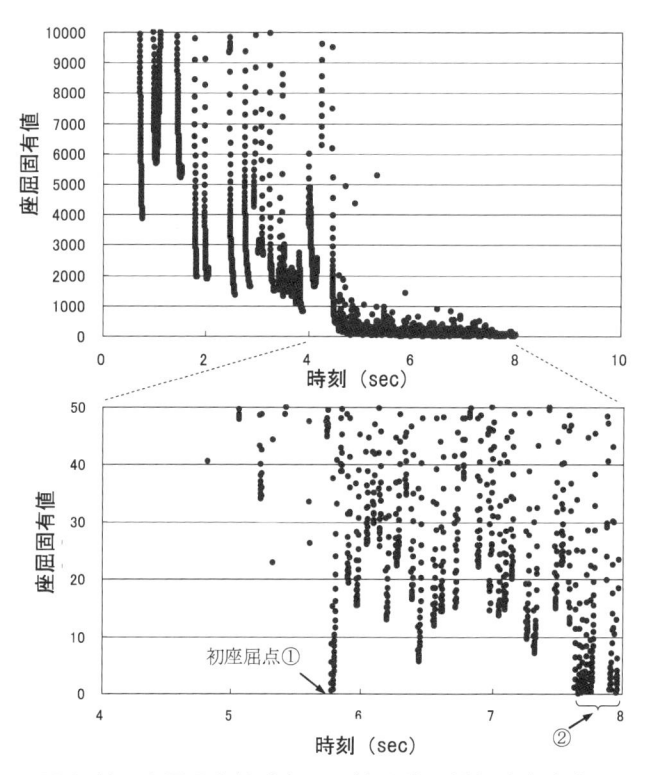

図6.10 座屈固有値時刻歴（補強前，橋軸直角方向加震）

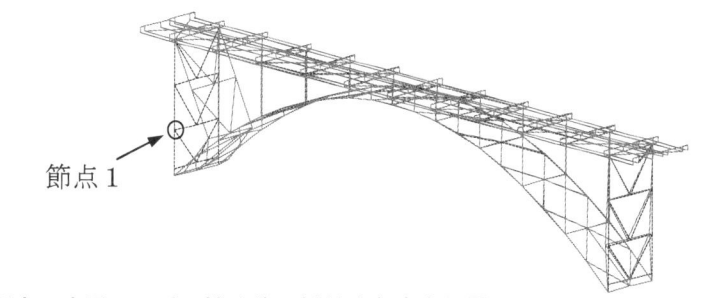

図6.11 座屈点の座屈モード（補強前，橋軸直角方向加震）

一方，橋軸方向への地震動入力時には，図6.13の座屈固有値は最小でも63.8で，1.0を下回っておらず，また図6.14の最大変位分布図を見ても全体的に極端な大変形の発生は確認できないことから座屈には至っていないと判断した．

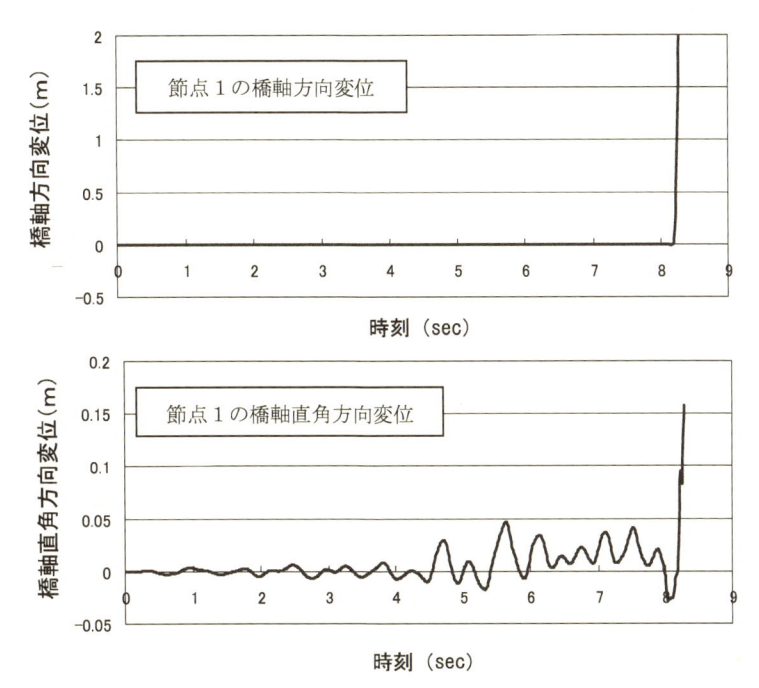

6.3 鋼製上路式アーチ橋の耐震補強

図 6.12 エンドポスト内節点の応答変位時刻歴（補強前，橋軸直角方向加震）

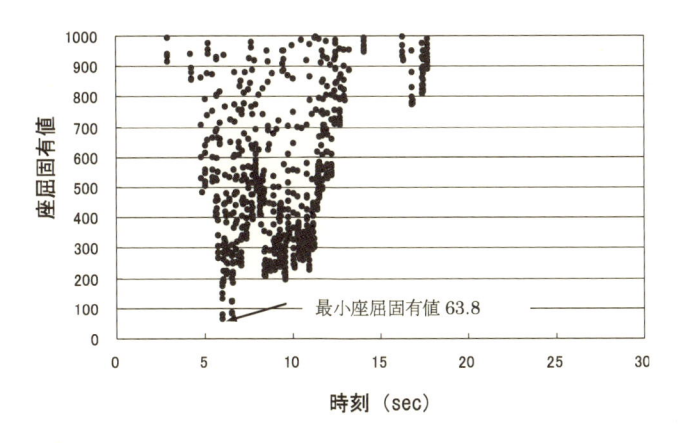

図 6.13 座屈固有値時刻歴（補強前，橋軸方向加震）

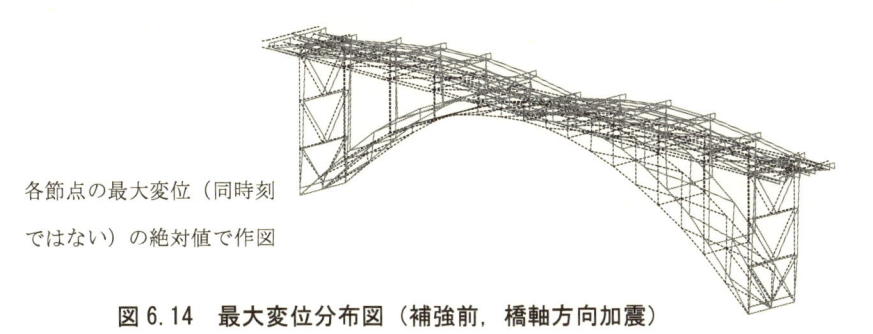

各節点の最大変位（同時刻ではない）の絶対値で作図

図 6.14 最大変位分布図（補強前，橋軸方向加震）

6.3.3 補強後の対座屈性能の改善

補強前状態の照査結果から，この橋梁に対する耐震性能向上策が検討され，現構造のまま橋軸・橋軸直角方向とも支承部の変位を抑えることが基本方針となった．支承部の変位を止める具体的な措置としては，鋼製ブラケット，RC 壁を設ける方法やダンパーストッパーにより変位を抑制する方法などの採用が計画されている．これらの措置によって，地震時の対座屈性能が改善されるか否かを確認するため，桁端において橋軸直角方向固定，橋軸方向ダンパー（片側で抵抗力 500kN）設置とした解析モデルを用いて，再度 6.3.2 と同条件の動的解析を実施した．この解析で得られた座屈固有値の時刻歴を図 6.15，図 6.16 に示す．

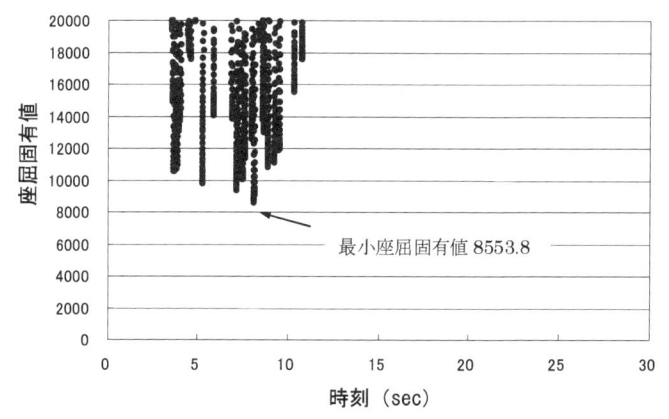

図 6.15 座屈固有値時刻歴（補強後，橋軸直角方向加震）

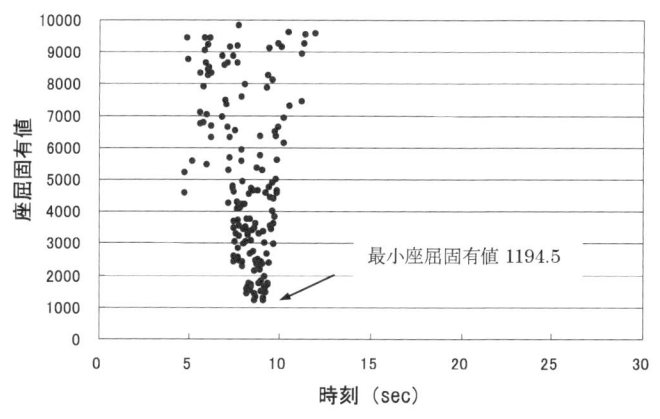

図 6.16 座屈固有値時刻歴（補強後，橋軸方向加震）

橋軸方向・橋軸直角方向とも座屈固有値による座屈判定は出ていない．また最大変位分布図（図 6.17，図 6.18）にも極端な大変形や突出した変形箇所は認められない．以上から両ケースとも座屈発生に至っていないと判断した．

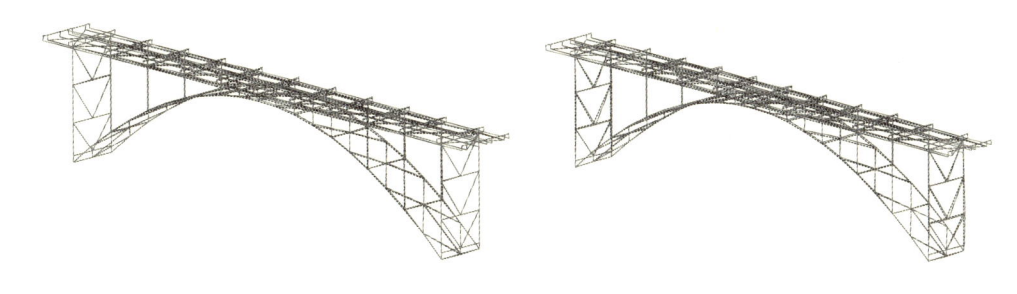

図 6.17　最大変位分布図
（補強後，橋軸直角方向加震）

図 6.18　最大変位分布図
（補強後，橋軸方向加震）

　補強対策前の動的解析では座屈が発生していた橋軸直角方向加震時においても，対策後では最小座屈固有値 8553.8 を得た．1.0 を大きく上回ったことで座屈発生まで余裕が創出されたことが示されている．また，橋軸方向加震時については対策以前から座屈判定は出ていなかったが，対策により最小座屈固有値が増大しており（63.8 から 1194.5），対座屈性能が向上していることが分かる．

6.3.4　余裕に関する考察

　補強によって座屈判定が消え，相対的に地震時の座屈に対する性能が向上することを，座屈固有値の比較によって定量的に示した．しかし，現状では知見の蓄積が少なく評価基準が設定できないため，単独の最小座屈固有値から座屈点までの余裕の十分性を絶対評価することができない．

　これを可能にしていくための知見の積み上げとして，ここでも 5.1 のように，入力地震動を増幅して与えたときの座屈固有値の変化の様子から，座屈点までの余裕を考察する．

　対策後の解析モデルに対し，橋軸・橋軸直角方向別に地震波を 2 倍，3 倍に増幅して入力した場合の座屈固有値の変化を，固有値時刻歴の下側包絡線の変化で示したのが図 6.19，図 6.20 である．地震動を 3 倍まで増幅した場合，橋軸直角方向ケースでは最小座屈固有値が 8553.8 から 455.8 まで低下するに留まったが（図 6.19），もともと最小座屈固有値 1194.5 だった橋軸方向ケースでは座屈判定に至っている（図 6.20）．2 倍までの増幅であれば，両方向ケースとも固有値は低下するものの座屈判定には至らなかった．対策後の状態では，橋軸直角方向よりも橋軸方向の方が座屈までの余裕が小さく，その余裕は，本橋梁と地震動の組み合わせでは，（最小座屈固有値以外の指標として）地震動増幅率で 2.0 以上 3.0 未満に相当することが確認された．

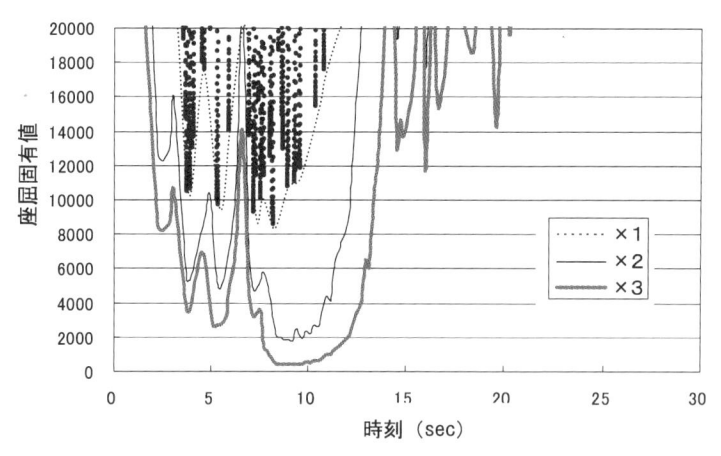

図 6.19 座屈固有値時刻歴の下側包絡線比較
（補強後，橋軸直角方向加震）

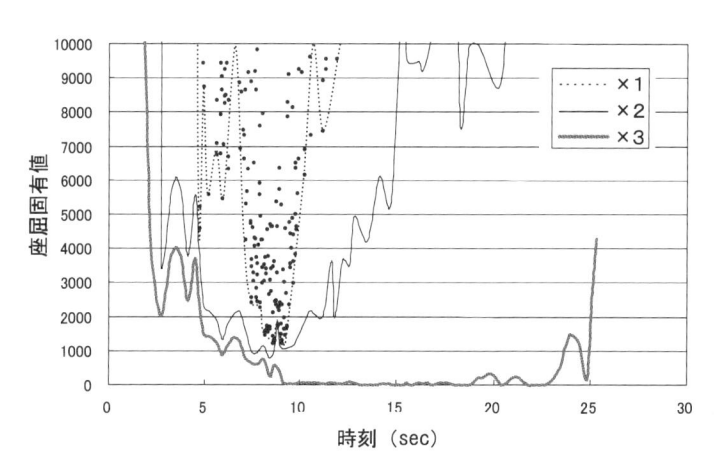

図 6.20 座屈固有値時刻歴の下側包絡線比較
（補強後，橋軸方向加震）

座屈固有値という定量情報によって，図 6.19 と図 6.20 のような形で地震動増幅に伴い徐々に余裕が低下し，橋軸方向では座屈に至る様子を示すことができた．このような地震時座屈の危険性の定量化とその情報の蓄積によって，動的解析を繰り返さず 1 回の想定地震動（増幅しない）による動的解析で得られる最小座屈固有値のみを指標とする余裕の絶対評価が可能になると考える．

6.4 6章のまとめ

本章では以下のことを述べた．

(1) コンクリート長大アーチ橋のライズを変化させて，地震時の座屈に対する性能がいかに変化するかを検証した．橋軸直角方向加震時にライズの違いの影響を受けやすいモードが現れ，それらが座屈固有値の差に現れた．また，常時荷重，橋軸方向加震，橋軸直角方向加震に対する座屈発生の危険性とライズ変化の関係は，それぞれ別傾向を持つことが分かった．

(2) 規模や構造種別・形状などが異なる３つのアーチ橋の地震時座屈に対する性能比較を行った．最小座屈固有値発生時の座屈モードが局所的であった鋼製中路式アーチ橋が最も低い性能を示した．座屈に対する性能改善に際しては，座屈モードができるだけ部分系モードとならないように構造全体のバランスをとることが重要と認識された．

(3) 既設の上路式鋼製アーチ橋の耐震補強設計への提案手法の適用例を示した．現在のままの状態では地震時座屈に陥りやすい橋梁であることが判明したが，支承部の変形を抑える補強対策によってこれが改善されることが，対策後モデルを用いた動的解析で得られた座屈固有値によって示された．

7. 本書のまとめと今後の展望

　従来は複合非線形動的解析の結果から定性的に判断せざるを得なかった，動的挙動中の座屈について定量評価手法の提案を行い，その妥当性を実験により検証し，さらにいくつかの橋梁の耐震解析や補強設計の中でその有効性を示した．

　本章では，総括として各章で述べた内容をまとめ，最後に今後の展望を述べる．

7.1　各章のまとめ

(1)　動的構造不安定照査に関する問題点

　1章では本書のテーマについて述べた．従来「発生しない」という現象からの定性判定を得ることに終始していた，地震時座屈などの動的構造不安定の照査について，不安定状態を見逃す可能性や，評価指標の整備と余裕評価の必要性などの具体的な課題を示し，これらの解決の糸口となる解析手法の開発が必要であることを述べた．

(2)　動的構造不安定の定量評価指標

　2章では，検証すべき動的構造不安定を「動的挙動中の急激な振動性状の変化点」と定め，この状態を定量的に判定するための評価指標として，既往の研究から，複合非線形動的解析中に時々刻々求める振動固有値と標準固有値を候補に上げた．また，独自に増分形式の座屈固有値に着眼し候補に加えた．これら3種類の固有値が橋梁の動的解析中にどのように変化するかを，鋼製中路式アーチ橋により具体的に示し，これらの固有値の有効性を精査していくこととした．

(3)　動的構造不安定実験とトレース解析

　3章では，動的構造不安定現象を実験で発生させ，これを数値解析によりトレースを試み，両者の対比で各指標候補の有効性を検証した．実験は，異なるメカニズムで動的挙動中に急激に振動性状が変化する，動的座屈とパラメトリック励振の2種類の現象を対象とした．

　振動台実験によって動的座屈を，アクチュエーターを用いた動的載荷実験によってパラメトリック励振を発生させ，これらの実験結果と3種類の固有値解析を含む複合非線形動的解析結果を比較した．その結果，現象としての動的座屈と，評価指標としての座屈固有値の組み合わせが有効であることが判明した．座屈固有値は座屈の発生判定のみならず，座屈点に至る前に余裕が減少していく様子もよく示した．

(4) 増分形式座屈固有値解析による地震時座屈照査手法

4章では，3章までに述べた調査や実験および解析的検討を踏まえ，動的な構造不安定問題の内，地震時座屈に対象を絞り，時々刻々の座屈固有値を性能指標とする定量的評価手法を提案した．また，この手法の運用上の前提条件や留意事項，計算効率を向上させる工夫などを併せて示した．

(5) 座屈前後の状態評価

5章では，提案手法を用いた座屈前後の状態の評価について述べた．

提案手法から得られる座屈固有値は，動的座屈の発生のみならず座屈点に至る前の危険性の変化も示す．これは従来の動的座屈評価手法にない重要な特徴である．ここでは鋼製中路式アーチ橋を用いて，想定地震動を何倍まで増幅すれば座屈が発生するかを繰り返しの動的解析によって求め，この臨界増幅率と地震動継続時間中の最小座屈固有値との比較によって，提案手法が動的解析を繰り返さずに余裕度評価を可能にすることを示した．

さらに，提案手法によって座屈判定を得た際に，その座屈の影響の大きさを確認するために実施する座屈後挙動のシミュレーションについて検討を行った．座屈点においては，複合非線形動的解析中に自然にきっかけを得て具体的挙動が応答結果に現れる場合もあるが，不安定な状態に至っていながら現象が出にくい場合もある．後者の場合の措置として，動的解析途中の座屈判定点で，その瞬間の座屈モードを基にした微量の変形を振動性状変化のきっかけとして与える「中間不整の挿入」という手法を考案し，その有効性を確認した．

(6) 提案手法の橋梁構造への適用

6章では，各種橋梁への提案手法の適用事例を示した．

コンクリート製長大アーチ橋（支間長 600m）では，ライズの変化によって座屈し易さがいかに変化するかを，常時と地震時に対して検討を行った．また，このコンクリート製アーチ橋と他橋との対比から，性能改善には座屈固有値に対応する座屈モードが全体的なモードとなるように構造系のバランスをとることが重要であることを示した．

また，建設後 50 年以上を経た鋼製上路式アーチ橋の地震時座屈に対する性能を提案手法で検証したところ，現状のままでは座屈を起こしやすいことが判明した．補強対策によりこれが改善されることを，補強前後の最小座屈固有値の変化によって定量的に確認した．

7.2 今後の展望

(1) 判断基準の明確化

　本書では，動的構造不安定の内，地震時の座屈を対象とした検討手法を提案した．今後は，提案の中で述べた解析ツールや手順の整備・強化をさらに継続していくことと並行して，これらを効果的に運用するため，各判断基準を明確化していくことが重要と考える．座屈モードから「甚大な影響を及ぼす現象か」を判断する，あるいは座屈判定が出なかった場合には最小座屈固有値から「座屈判定までの余裕は十分か」を判断する局面について，本書では現段階で示すことのできる事例と考察を述べてきたが，継続して事例の蓄積が必要であろう．

　また，もともと幾何学的非線形を考慮した動的解析は計算負荷が大きく，計算時間の増大は避け得ない(2.3参照)ところであったが，その上さらに固有値解析を繰り返し挿入することを提案しているのであるから，その計算負荷は軽いものではない．提案手法は，それ自体を実際に必要とする機会を適切に判断する（最小限にする）ための知見も示していくことができると考える．

(2) 適用領域の拡大

　本書は表 2.1 のようなプログラムを計算ツールのプラットフォームとし，橋梁の骨組みモデルを例題として検討を進めてきた．しかしながら，これはプログラムも例題データも筆者らのごく身近にあり，取り扱い可能なものを選択したに過ぎない．本書 4 章の提案コンセプトは，ここまでに示してきたような用途や運用形態に限定されるものではない．

　本書内では解析例を示していないが，ファイバーモデル，シェル要素，ソリッド要素などを用いた動的解析への適用も可能と考える．また，橋梁のほか，建築・プラント構造物から機械製品などにも適用可能であり，さらに地震以外の振動問題に幅広く利用できる可能性もある．本書で示すことができた有効性を踏まえて，今後，様々な分野，構造，動的外乱，解析プログラム上でこの提案手法が試行され，適用領域が拡大していくことを期待したい．

(3) 実現象との比較検討

　本書では，動的座屈とパラメトリック励振という 2 種類の動的構造不安定現象を動的実験で発生させ，各々 3 種類の固有値解析を含む動的解析によるトレースと比較し，これを基にして提案手法の有効性を検証してきたが，動的な構造不安定現象がこれらによって全て確認されたわけではない．

　冒頭にも述べたように，動的構造不安定に分類される問題は多岐に渡っているが，4 章の

提案ではその内のひとつである地震時座屈のみに適用対象を限定した．今後の継続的な実現象との適合性検証を，様々な形状・形式の構造について，あるいは様々な周期・振幅特性を持った動的外乱について行っていくことが望まれる．

参考文献

1) 動的耐震設計法に関する研究小委員会：橋の動的耐震設計，（社）土木学会，2002.3.
2) Zdenek P. Bazant and Luigi Cedolin, Stability of Structures: Elastic, Inelastic, Fracture, and Damage Theories, Dover Publications,Inc., 2003.
3) 藤井・瀧・萩原・本間・三井：非線形構造モデルの動的応答と安定性，コロナ社，2003.
4) コンクリート製長大アーチ橋の設計方法に関する研究小委員会：コンクリート長大アーチ橋の設計・施工技術の現状と将来展望，（社）土木学会，2000.8.
5) コンクリート製長大アーチ橋の設計方法に関する研究小委員会：コンクリート長大アーチ橋 - 支間 600mクラス - の設計・施工，（社）土木学会，2003.8.
6) 幸左賢二・渡部尚夫・徳山清治：全体系模型による RC アーチ橋耐荷性状確認実験，コンクリート工学年次論文報告集 Vol.17, No.2, pp.423～428, 1995.
7) 川井忠彦：座屈問題解析，コンピュータによる構造工学講座Ⅱ-6-B，倍風館，1970.
8) 鷲津久一朗ほか：有限要素法ハンドブックⅠ基礎編およびⅡ応用編, 培風館, 1981, 1983.
9) Zienkiewicz and R.L.Taylor：マトリックス有限要素法 I & II，科学技術出版社，1996.
10) 日本機械学会編：固体力学におけるコンピュータアナリシス，第4章，コロナ社，1986.
11) 中村 光：コンクリート構造のポストピーク挙動に関する解析的研究，名古屋大学学位論文，1992.4.
12) 谷口勝彦・姫野正太郎・田辺忠顕：長大スパンＲＣアーチ橋の耐荷力解析，第 10 回プレストレストコンクリートの発展に関するシンポジウム論文集，プレストレストコンクリート技術協会, pp.657～662, 2000.10.
13) 道路橋示方書（Ｖ耐震設計編）・同解説，日本道路協会，2002.3.
14) 道路橋の耐震設計に関する資料—PC ラーメン橋・RC アーチ橋・PC 斜張橋・地中連続壁基礎・深礎基礎等の耐震設計計算例—，日本道路協会，1998.
15) 平成 9,10 年度耐震設計ソフトウェアに関する研究委員会報告書，土木研究センター，pp.451～458，1999.4.
16) 大塚久哲・夏　青・矢葺　亘・為広尚起：長大 RC アーチ橋における複合非線形動的解析と座屈・分岐解析，構造工学論文集 Vol.47A, pp.873～881, 2001.3.
17) 尾下里治・大森邦雄：線形化有限変位理論によるアーチ橋の設計法の提案，（社）土木学会　構造工学論文集 A，Vol.44, No.3, 1998.
18) 姫野正太郎・谷口勝彦・田辺忠顕：長大スパンＲＣアーチ橋の非線形挙動に関する解析的研究，第 10 回プレストレストコンクリートの発展に関するシンポジウム論文集，

プレストレストコンクリート技術協会, pp.651～656, 2000.10.

19) 和田章・向秀元：一方向大スパン複層円筒トラス構造物の地震応答解析，日本建築学会構造系論文報告集，第413号，pp.87～96，1990.7.

20) 田辺忠顕　編著：初期応力を考慮したRC構造物の非線形解法とプログラム，技報堂出版，2004.3.

21) 大塚久哲・為広尚起・宮森保紀・藤井義法・清水晋作：地震時の構造不安定現象に関する実験および解析的研究，構造工学論文集 Vol.51A, pp.239～248, 2005.4.

22) 大江豊・大塚久哲・水田洋司・劉貴位・飯星智博：鋼アーチ橋における主部材の断面特性と弾塑性動的解析，構造工学論文集 Vol.46A, pp.821～830, 2000.3.

23) 有限要素法ハンドブックⅡ，5章3節，6章4節，培風館，1983.

24) H.Ziegler : Principles of Structural Stability, Blaisdell Publishing Company, 1968.

25) V.V.ボロチン：非保存的弾性安定問題，培風館，1977.

26) 森　拓也・山本　徹・為広尚起・二羽淳一郎：コンクリート長大アーチ橋の設計・施工技術の現状と将来，コンクリート工学 Vol.39, No.3, pp.12～20, 2001.3.

27) 和久井智・小島浩士・石田光・為広尚起：テンショントラスで支持されたDPG構法の研究（その1　テンショントラスの実大実験／水平均等荷重），日本建築学会大会学術講演梗概集（北海道），1995.8.

28) 小島浩士・和久井智・石田　光・佐藤明憲：テンショントラスで支持されたDPG構法の研究（その2　孔なし点支持挟み込み構法のガラス実大耐風圧試験），日本建築学会大会学術講演梗概集（北海道），1995.8.

29) 舟岡　努・和久井智・小島浩士・佐藤明憲：テンショントラスで支持されたDPG構法の研究（その3　フィッシュボーントラスの実大試験），日本建築学会大会学術講演梗概集（北海道），1995.8.

30) 為広尚起・和久井智・石田　光・佐藤明憲：テンショントラスで支持されたDPG構法の研究（その4　テンショントラス，フィッシュボーントラスの解析値との比較），日本建築学会大会学術講演梗概集（北海道），1995.8.

31) 為広尚起・横田健治：P-δ効果を考慮した高層建築構造物の非線形解析，日本建築学会，第15回情報システム利用技術シンポジウム，1992.

32) 藤井義法：構造物の動的座屈評価に関する研究，九州大学大学院工学府建設システム工学専攻，平成16年度修士論文，2004.3.

33) 大塚久哲・藤井義法・為広尚起：構造物の動的座屈評価に関する研究，土木学会年次学術講演会講演概要集第1部，Vol.58, 2003.

34) 清水晋作・大塚久哲・宮森保紀・為広尚起：地震時における動的不安定現象の発生に関する基礎的検討，土木学会年次学術講演会講演概要集第1部，Vol.59，2004．

35) 清水晋作・大塚久哲・宮森保紀・為広尚起：地震時におけるパラメトリック励振の発生に関する基礎的検討，土木学会西部支部研究発表会講演概要集，2003．

36) V.V.ボロチン：弾性系の動的安定，コロナ社，1972．

37) 高橋和雄・Wu QINGXIONG・中村聖三・久保田展隆・伊田義隆：斜張橋の支持ケーブルの局部振動の解析，構造工学論文集 Vol.46A, pp.501〜510, 2000.3

38) 阿波啓造・白木万博・荒井泰彦：水平・上下動下でのT字型1本足高架桁の不安定挙動の解明，第10回日本地震工学シンポジウム，pp.2167〜2172, 1997．

39) 為広尚起・大塚久哲：座屈後の動的挙動シミュレーションに着目した地震時座屈照査手法の検討，構造工学論文集 Vol.52A, pp.67〜75, 2006.3．

40) Tamehiro, N. and Otsuka, H., Study on an Estimation Method for Buckling Capacity of Bridges During Earthquakes, 13th World Conference on Earthquake Engineering, Vancouver, B.C., Canada, August 1-6, 2004, Paper No. 323.

41) 為広尚起・大塚久哲：動的複合非線形解析による長大アーチ橋の座屈照査方法に関する考察，第5回地震時保有耐力法に基づく橋梁の耐震設計に関するシンポジウム論文集，pp.99〜104, 2002.1．

42) 鷲津久一朗ほか：有限要素法ハンドブック I 基礎編，培風館，1981．

43) 為広尚起・大塚久哲：地震時座屈発生臨界までの余裕に関する考察, 橋梁と基礎 2006.7, 建設図書．

44) Nakamura, H., Tamehiro, N., Tanabe, T., Niwa, J., Study on Stability Criterion of Super-long Concrete Arch, 4th International Conference on Arch Bridges, Barcelona, 2004.11.

45) 大塚久哲・矢葺　亘・夏　青：中路式RCアーチ橋における2軸曲げ評価と終局限界状態に関する考察研究，構造工学論文集 Vol.46A, pp.789〜796, 2000.3．

46) 為広尚起・金山　亨・田中智行・小林　守・大塚久哲：既設橋梁の地震時の耐座屈性能向上について，第12回日本地震工学シンポジウム，2006.11．

索 引

【あ行】

アーチリブ部材　21, 61
1次座屈固有値　7
一様震度　11
M-N相関曲線　21, 61, 80
M-φ関係　20, 61, 80
オイラー (Euler) 定式化　27
オイラーの座屈理論　5
応答性状　1, 13
応力-歪関係レベルの構成則　3

【か行】

荷重倍率　6
荷重-変位関係　1, 11
風　4
ガラスファサードの支持架構　30
幾何学的非線形　2, 3, 6
幾何剛性マトリックス　6, 7, 10, 11, 27
危険時間帯　50, 55
危険時刻　38
逆反復法　20, 31, 52, 83
橋梁　1
極限点　6
近傍座屈点　55
系の座屈　5, 48
ケーブルへの初期導入張力　30
現象の見逃し　14
減衰　3
減衰定数　21, 37, 43, 54, 61, 72, 80, 83
減衰マトリックス　21, 54, 61, 83

鋼製上路式アーチ橋　82
鋼製中路式アーチ橋　20
構造不安定現象　1, 14
構造物　1
合理的な荷重分布の設定　11
弧長増分法　9
固有円振動数　17
固有値解析　6, 17
固有値の時刻歴　22
固有方程式　7, 17
固有モードベクトル　7
コンクリート製長大アーチ橋　4, 11, 40, 77

【さ行】

最危険時の余裕　13
最小座屈荷重倍率　7
最小座屈固有値　7, 51
材料剛性マトリックス　6
座屈　1, 5
座屈形状　6
座屈拘束ブレース　48
座屈後の動的挙動シミュレーション　59, 67
座屈後の挙動追跡　6
座屈後の動的挙動追跡　40
座屈固有値　7, 18
座屈固有値解析　6
座屈固有値解析の挿入時間間隔　49
座屈固有値時刻歴　50

索 引

座屈固有値の下側包絡線　51
座屈固有値の正負　31, 52
座屈震度　6, 11, 59, 79
座屈耐力　5
座屈点荷重倍率　6, 59
座屈点探査　9
座屈の回避検討　6
座屈判定　40, 59
座屈判定基準値　38
座屈前の余裕評価　59, 60
座屈モード　6, 39, 77, 81, 83
座屈モードベクトル　18, 23, 50
サブスペース法　20, 31, 83
3次元のはり要素　5
JMA神戸スペクトル適合波形　22
軸力部材　5, 35
軸力変動を考慮した塑性化判定　83
地震　4
地震時座屈照査手法　47
地震時の挙動が複雑なもの　11
地震時の座屈　4
質量マトリックス　17, 40
指標　3
斜張橋　12, 30, 40
車両走行　4
修正ラグランジェ定式化　9, 20, 27
主不安定領域　42
照査用の外力　6
常時荷重　5
常時設計　6, 9
初期応力状態　10
初期不整　42, 69

じん性　11
振動固有値　17
振動性状変化のきっかけ　68
振動モードベクトル　17
水流　4
スウィープ波　41
数学上の動的不安定点　14
数学的不安定状態　6
スナップスルー　6
静的増分解析　6
静的問題　1
積分時間間隔　21, 37
接線剛性マトリックス　6, 9, 18, 57
線形化有限変形理論　12, 31,
線形座屈固有値解析　7
全体系座屈　24, 48, 82
全体系モデル　13
全断面有効剛性　9
全ラグランジェ定式化　9
層せん断力－層間変形関係　3
想定荷重　5
想定地震動　7, 88
増分応力　10
増分解析の制御法　9
増分解析手法　25
増分形式の座屈固有値　9, 19
増分形式の座屈固有方程式　25
増分地震荷重　26
増分ステップ区間　10
増分変位　10, 25
塑性化　1, 3, 5
塑性ヒンジ　1

【た行】

耐荷力　6
耐震性能照査　12
ダイバージェンス　3, 14, 17, 26, 27
武田型　54, 80
単位マトリックス　17, 40
弾性限界　7
弾塑性解析　2
中間不整　70, 72, 74, 84
直接積分法　21, 25, 37, 42, 61, 83
ツィーグラー (Ziegler)　26
吊橋　12, 30
定式化　9
定常荷重　26
定性的な評価　3
定量的な検証　3
定量評価指標　17, 24
デタミナント値　6, 9, 57
等価剛性　9
動的挙動中の静的不安定　19, 26, 27, 56
動的挙動中の動的不安定　27
動的座屈　4, 15, 59
動的不安定問題　3
動的問題　14
特異点　6
特異判定　6

【な行】

内力　30
ニュートン・ラプソン法　20
ニューマークβ法　20, 21, 25, 37, 42, 54, 61, 80, 83

【は行】

発散　1, 3
パラメトリック励振　40
判断基準　4, 93
P-Δ効果　30
微小変形仮定　27
非線形解析　1, 2
非定常荷重　26
非保存力　26
標準型バイリニア　21, 83
標準固有値　11, 17, 55
ファイバーモデル　40, 79
不安定な状態　2
複合非線形解析　2, 29
複合非線形静的増分解析　7, 9
複合非線形動的解析　3, 21, 37
副不安定領域　42
負勾配　1
部材座標系更新　27
部材端接合条件　5
部材の断面力－変形関係　3
部材非線形性　21, 61, 80
部材レベルの座屈　5
不静定化　1
プッシュオーバー解析　11, 79
部分系座屈　23, 48, 64, 82
フラッター　4, 14, 26, 27, 40
分岐点　6
平衡状態　9
変位増分法　9
歩行　4
保存力　26

骨組モデル　21
ボロチン (Bolotin)　26

【や行】

有限変形理論　27
有効荷重ベクトル　25
有効座屈長　5
有効接線剛性マトリックス　25, 57
余裕評価　19, 59
余裕の定量的評価　3

【ら行】

ラグランジェ (Lagrange) 定式化　27
履歴則　3
臨界増幅率　60
励振現象　43
レーリー型減衰　21, 37, 43, 54, 83
レベル2地震動標準波　22

著者紹介

大塚久哲（おおつか・ひさのり）

1971年　九州大学工学部土木工学科卒業。
1976年　同大学大学院工学研究科博士課程修了。
同大学助手，助教授などを経て，
現在，九州大学大学院工学研究院教授。
著書
『詳解構造力学演習』（共著，共立出版）
『基礎弾塑性力学』（共立出版）
『詳解土木工学演習』（共著，共立出版）
『実践耐震工学』（共立出版）
監修・編著書
『中径間橋梁の動的耐震設計［改訂版］』（九州大学出版会）
『最新 地中・基礎構造の耐震設計［改訂増補版］』（九州大学出版会）

為広尚起（ためひろ・なおゆき）

1985年　東京理科大学工学部第1部建築学科卒業。
2007年　九州大学大学院工学研究院博士課程修了。
現在，㈱構造計画研究所勤務。

地震時の構造不安定とその照査法

2008年4月10日　初版発行

著　者　大　塚　久　哲
　　　　為　広　尚　起

発行者　谷　　隆一郎

発行所　（財）九州大学出版会
　　　　〒812-0053　福岡市東区箱崎7-1-146
　　　　　　　　　　九州大学構内
　　　　電話　092-641-0515（直　通）
　　　　振替　01710-6-3677
　　　　印刷・製本／九州電算㈱・大同印刷㈱

© 2008 Printed in Japan　　ISBN 978-4-87378-961-3

中径間橋梁の動的耐震設計 [改訂版]

大塚久哲 監修
土木学会西部支部
中径間橋梁の耐震性向上に関する研究委員会 著

B 5 判 280 頁 **4,800 円**

本書は，阪神大震災を契機に本格的に導入された橋梁の動的耐震設計に関し，コンクリート及び鋼製橋梁を対象に，非線形動的解析の手法，地震時挙動の特徴，耐震安全性の評価法，耐震補強の効果などについて検討を加えたものである。

〈主要目次〉
第1編　委員会の研究内容と成果の概要
第2編　コンクリートラーメン橋（不等橋脚を有する5径間連続ラーメン橋／3径間コンクリートラーメン橋）／第3編　コンクリートアーチ橋
第4編　コンクリート斜長橋／第5編　鋼ラーメン橋／
第6編　鋼アーチ橋／第7編　鋼斜張橋／第8編　水管橋

最新 地中・基礎構造の耐震設計 [改訂増補版]

大塚久哲 監修
新井雅之／岩上憲一／大塚久哲／高野道直／竹内幹雄／
橘　義規／伏婦光一／村井和彦／楊　光遠 著

B 5 判 270 頁 **5,000 円**

地中構造物と杭基礎の2種類の地中構造物の耐震設計に関し，現在，実務で使用されている耐震設計法を初学者にも理解できるように平易に解説した上で，現時点で無理なく使用できると思われる解析ツールを用いた合理的な耐震設計法を提案する。

〈主要目次〉
第1章　地中構造物横断方向の耐震設計
第2章　地中構造物縦断方向の耐震設計
第3章　杭基礎の耐震設計
参考資料1　橋脚設計における基礎の減衰定数
参考資料2　桁衝突が橋台に及ぼす影響／内容理解のための設問50題

（表示価格は本体価格）　　　　　　　　　　九州大学出版会